Holt Spanish

Puente: Customized
Level 1 Review

HOLT, RINEHART and WINSTON

A Harcourt Education Company

Orlando • **Austin** • New York • San Diego • London

Reviewers

Bill Heller

Natalie Shelton

ISBN 0-03-079636-9

9 170 10

Table of Contents

Diagnostic Tools

Vocabulary and Grammar Review

Vocabulary Review Part 1 (Chapters 1–5)

Grammar Review Part 1 (Chapters 1–5)

Table of Contents

Vocabulary Review Part 2 (Chapters 6–10)

Grammar Review Part 2 (Chapters 6–10)

Geocultura Review

To the Teacher

The *¡Exprésate! Puente: Customized Level 1 Review* provides you with a bridging tool to review the major vocabulary, grammar and culture topics of *Level 1 ¡Exprésate!* based on your students' needs. Whether students need to focus on specific topics or chapters, or do a global review of Level 1, the *Puente* can help them.

The *Puente* starts with two **Diagnostic Exams,** each of which reviews one semester of *Level 1 ¡Exprésate!* Each exam targets key vocabulary and grammar topics and takes one class period to administer. After each exam, you can use the **Diagnostic Rubric Charts** on pp. 13–17 to conduct an item analysis. From the results, you can tailor a review to the topics students missed the most.

The **Correlations Charts of *Student Edition* Chapters to *Puente* Topics** is another resource for creating a customized review packet. These charts, found on pp. vii-viii, show which *Puente* vocabulary and grammar topics review the material in a given *Level 1 ¡Exprésate! Student Edition* chapter.

The resources you may select to create a review packet are listed in the *Puente's* **Table of Contents.** They include:

- 24 two-page **Vocabulary Topic Reviews,** with illustrated presentations followed by practice activities and listening activities included on the accompanying Audio CD;
- 30 two-page **Grammar Topic Reviews,** with a brief summary of the concept followed by practice activities and listening activities included on the Audio CD;
- 10 one-page **Geoculture Reviews,** with maps and puzzles that highlight geographic and cultural content from the Level 1 textbook.

Since each set of review sheets focuses on a single topic, Level 1 and 2 teachers will find many ways to meet their students' needs and enhance program continuity.

Level 2 teachers may use some of the review sheets from Part 2 of the Level 1 *Puente,* to review, re-teach, or present Level 1 topics prior to beginning lessons that build on those topics in the Level 2 textbook. This might be helpful if students did not complete all ten chapters in Level 1. Level 2 teachers may also use the individual review sheets to help transfer students or students with extended absences to catch up. The **Correlations Chart** will be helpful in matching review sheets to lesson topics.

Level 1 teachers may use the *¡Exprésate! Puente* as an additional resource for review and reinforcement. Individual sets of review sheets can be used to review for the midterm or final exam; to give remedial practice after chapter testing; or to send to tutors for use with students who are absent for an extended time.

All *Puente* resources can be accessed on the *¡Exprésate!* **One Stop Planner.** These include the review sheets, exams, charts, answer keys and scripts listed in the *Puente's* **Table of Contents.**

We hope the *¡Exprésate! Puente* gives you one more tool to meet the diverse needs of your students and to help you build success and confidence in each one.

Audio References

Track Number	*Puente* Section	Listening Activity	Scripts
1	Diagnostic	Exam 1, p. 1, Act. A	p. 6
2		Exam 2, p. 7, Act. A	p. 12
3	Part 1 Vocabulary	Tema 1, p. 20, Act. A	pp. 131–133
4		Tema 2, p. 21, Act. A	
5		Tema 3, p. 23, Act. A	
6		Tema 4, p. 26, Act. B	
7		Tema 6, p. 30, Act. A	
8		Tema 7, p. 32, Act. A	
9		Tema 8, p. 34, Act. A	
10		Tema 9, p. 36, Act. B	
11		Tema 10, p. 38, Act. B	
12		Tema 11, p. 40, Act. B	
13		Tema 12, p. 42, Act. A	
14	Part 1 Grammar	Tema 3, p. 48, Act. B	pp. 133
15		Tema 4, p. 50, Act. B	
16		Tema 13, p. 67, Act. B	
17		Tema 15, p. 71, Act. B	
18	Part 2 Vocabulary	Tema 13, p. 74, Act. A	pp. 138–140
19		Tema 14, p. 76, Act. B	
20		Tema 15, p. 78, Act. B	
21		Tema 18, p. 83, Act. A	
22		Tema 19, p. 86, Act. A	
23		Tema 20, p. 88, Act. B	
24		Tema 21, p. 90, Act. A	
25		Tema 22, p. 92, Act. B	
26		Tema 23, p. 94, Act. A	
27	Part 2 Grammar	Tema 18, p. 101, Act. A	pp. 140
28		Tema 23, p. 112, Act. B	
29		Tema 25, p. 116, Act. B	
30		Tema 27, p. 119, Act. A	
31		Tema 28, p. 122, Act. B	

Correlations of ¡Exprésate! Student Edition Chapters to Puente Topics

To review core vocabulary and grammar topics in Chapters 1–5 of **Level 1** **¡Exprésate!,** refer to the corresponding **Puente** topics. Some topics contain material presented in more than one chapter. The concepts for these topics were grouped to provide a comprehensive review.

	Puente Vocabulary	*Puente* Grammar
Chapter 1	**Topic 1** The Alphabet **Topic 2** Greetings and Introductions **Topic 4** Time of Day	**Topic 1** Nouns and Pronouns **Topic 9** The Verb *Ser*
Chapter 2	**Topic 3** Numbers **Topic 5** Date, Age, Birthday	**Topic 1** Nouns and Pronouns **Topic 3** Questions **Topic 4** Adjectives
Chapter 3	**Topic 6** Seasons and the Weather **Topic 8** Pastimes, Games, Sports	**Topic 2** Subjects and Verbs **Topic 11** *Gustar, Tocar,* and *Parecer*
Chapter 4	**Topic 11** Places at School and School Events **Topic 12** School Subjects and School Supplies	**Topic 2** Subjects and Verbs **Topic 6** Present Tense: Regular Forms **Topic 8** Present Tense: Irregular *Yo* Forms **Topic 12** The Verb *Tener* **Topic 15** Verbs Followed by Infinitives **Topic 24** Numbers and Adjectives of Quantity
Chapter 5	**Topic 7** Describing People **Topic 9** Family **Topic 10** Home and Chores	**Topic 5** Possessive Adjectives **Topic 7** Present Tense: e ➔ ie, o ➔ ue **Topic 10** The Verb *Estar* **Topic 11** *Gustar, Tocar,* and *Parecer* **Topic 13** Negation **Topic 14** Prepositions

Correlations of ¡Exprésate! Student Edition Chapters to Puente Topics

To review core vocabulary and grammar topics in Chapters 6–10 of *Level 1* *¡Exprésate!*, refer to the corresponding *Puente* topics. Some topics contain material presented in more than one chapter. The concepts for these topics were grouped to provide a comprehensive review.

	Puente Vocabulary	*Puente* Grammar
Chapter 6	**Topic 13** Food	**Topic 17** *Ser* and *Estar* **Topic 25** Affirmative Informal Commands
Chapter 7	**Topic 14** Daily Routines **Topic 15** Exercising **Topic 16** Wellness **Topic 17** Parts of the Body	**Topic 16** Present Tense: Stem-Changing Verbs **Topic 19** Verbs with Reflexive Pronouns **Topic 20** Using Infinitives **Topic 21** Placement of Object and Reflexive Pronouns
Chapter 8	**Topic 18** Clothes **Topic 19** Shopping for Clothes **Topic 20** Stores	**Topic 22** Demonstrative Adjectives **Topic 23** Comparisons **Topic 24** Numbers and Adjectives of Quantity
Chapter 9	**Topic 21** Holidays and Celebrations	**Topic 18** Direct Objects **Topic 27** Present Progressive **Topic 28** Preterite: Regular Forms
Chapter 10	**Topic 22** Travel Preparation and Services **Topic 23** Tourist and Vacation Activities **Topic 24** Asking for Help or Information	**Topic 26** Negative Informal Commands **Topic 29** Preterite of *Hacer* and *Ir* **Topic 30** Spelling Changes in the Preterite

Evaluación: Primera etapa

A Listen to each statement. Then choose the answer that best tells what each one is about. *(Some answers may be used more than once.)*

_____ 1.

_____ 2.

_____ 3.

_____ 4.

_____ 5.

_____ 6.

> **a.** likes and dislikes
> **b.** describing someone
> **c.** what someone needs
> **d.** greeting someone
> **e.** someone's age
> **f.** inviting someone to do something

B Vocabulario

_____ 7. Choose the Spanish word spelled out by the letters below.

uve - i - e - ene - te - o

   a. veinte
   b. vientre
   c. viento
   d. evento

_____ 8. Choose the dialog that has a logical reply.

   a. —¿De dónde eres?
       —Me llamo Javier.
   b. —Buenas noches.
       —Bien, gracias.
   c. —Éste es mi amigo Carlos.
       —Mucho gusto.
   d. —Hola, ¿qué tal?
       —Hasta luego.

_____ 9. Solve the following problem.

48 + 21 = _____

   a. sesenta y nueve
   b. cincuenta y ocho
   c. cuarenta y dos
   d. setenta y cuatro

_____ 10. Which is the correct way to say that it is 7:15 P.M.?

   a. Son las siete y cuatro de la tarde.
   b. Son las seis y trece de la tarde.
   c. Son las siete y quince de la tarde.
   d. Son las siete y cuarto de la mañana.

1

EVALUACIÓN: PRIMERA ETAPA

_____ 11. Choose the dialog that has a logical reply.

    a. —¿Cuándo es tu cumpleaños?

      —Tengo catorce años.

    b. —¿Cuántos años tiene ella?

      —Tiene dieciséis años.

    c. —¿Qué día es hoy?

      —Es septiembre.

    d. —¿Cuál es la fecha hoy?

      —Es noviembre.

_____ 12. Which of the following sentences is the most probable?

    a. Hace calor en invierno.

    b. No hace frío cuando nieva.

    c. Hace mucho sol cuando llueve.

    d. En el otoño hace fresco.

_____ 13. Which of the following expresses the opposite of the underlined words?

Ella es <u>extrovertida</u> y <u>antipática</u>.

    a. alta y guapa

    b. tímida y simpática

    c. rubia y extrovertida

    d. graciosa y morena

_____ 14. Choose the pastime that Miguel would most enjoy. Miguel likes indoor activities. He dislikes sports, likes games, and he is not artistic.

    a. tocar el piano

    b. jugar al ajedrez

    c. jugar al fútbol

    d. dibujar

_____ 15. Which of the following is a correct definition of family relationships?

    a. El hermano de mi madre es mi tío.

    b. La hija de mi hija es mi sobrina.

    c. El padre de mi padre es mi primo.

    d. Mi abuela es la madre de mi hermana.

_____ 16. Which of the following sentences is *not* logical?

    a. Voy a hacer la cama y arreglar mi habitación.

    b. Voy a pasar la aspiradora en la sala.

    c. Voy a lavar los platos en la cocina.

    d. Voy a cortar el césped en el baño.

EVALUACIÓN: PRIMERA ETAPA

_____ 17. Where would you most likely do the following activity?
presentar un examen

a. el salón de clase
b. el auditorio
c. el estadio
d. la cafetería

_____ 18. Which item would you most likely *not* need for the following classes?
inglés y francés

a. un diccionario
b. una regla
c. un cuaderno
d. un bolígrafo

C Gramática

_____ 19. Choose the masculine singular noun.

a. perros
b. mesa
c. profesor
d. papeles

_____ 20. Choose the sentence in which the subject is underlined and the verb is circled.

a. Yo voy al <u>zoológico</u>.
b. <u>Yo</u> voy al zoológico.
c. Yo <u>voy</u> al zoológico.
d. <u>Yo</u> voy al zoológico.

_____ 21. How would you begin the question for "Where do you live?"

a. ¿Cuándo...?
b. ¿Cuál...?
c. ¿Dónde...?
d. ¿Qué...?

_____ 22. Which is the correct way to complete the following sentence?
Elena es muy _____.

a. trabajador
b. trabajadores
c. trabajadoras
d. trabajadora

EVALUACIÓN: PRIMERA ETAPA

_____ **23.** Choose the correct way to complete the following sentence.
Es _____ casa.

  a. nuestra
  b. nuestro
  c. nuestras
  d. nosotros

_____ **24.** Which is the correct way to complete the following sentence?
Tú _____ bien.

  a. escribes
  b. escribimos
  c. escribís
  d. escribo

_____ **25.** How would you ask a friend if she plays tennis?
¿J__gas al tenis?

  a. -u-   **c.** -ie-
  b. -ue-   **d.** -e-

_____ **26.** Choose the correct way to complete the following dialog.
—Lupe, ¿cuándo _____ tu tarea?

  —Yo _____ mi tarea por la noche. ¿Y tú?

  a. haces, hago
  b. hacéis, hago
  c. haces, haces
  d. hacemos, hago

_____ **27.** Which sentence would you complete with **es?**
  a. Marta _____ en clase.
  b. Marta _____ de España.
  c. Marta _____ hambre.
  d. Marta _____ bien.

_____ **28.** Which sentence would you complete with **están?**
  a. Ellos _____ en casa.
  b. Ellos _____ mis amigos.
  c. Ellos _____ de Juárez.
  d. Ellos _____ 23 años.

EVALUACIÓN: PRIMERA ETAPA

_____ **29.** How would you say that Ramón likes videogames?
A Ramón _____ los videojuegos.

    a. gusta
    b. le gustan
    c. les gustan
    d. gustan

_____ **30.** Choose the correct way to complete the following sentences.
Sonia y yo _____ hambre. Martín, ¿tú _____ hambre también?

    a. tengo, tenéis
    b. tenemos, tenéis
    c. tenemos, tienes
    d. tiene, tienes

_____ **31.** Which is the correct way to complete the following sentence?
Esta tarde Julián _____ trabajar en casa, pero _____ ir al cine.

    a. tiene, tiene que
    b. tiene que, tiene ganas de
    c. tiene que, tiene ganas
    d. tiene que, tiene

_____ **32.** How would you say that Marisol never does anything?
Marisol nunca hace _____.

    a. tampoco   **c.** algo
    b. nadie   **d.** nada

_____ **33.** How would you say that Sara always studies with you?
Sara siempre estudia _____.

    a. conmigo   **c.** con ella
    b. tú   **d.** para mí

_____ **34.** How would you say that Sara lives close to you?
Sara vive cerca _____ _____.

    a. a, yo   **c.** de, yo
    b. a, mí   **d.** de, mí

_____ **35.** How would you say that you want to go to the bookstore?
Quiero _____ a la librería.

    a. voy   **c.** vamos
    b. ir   **d.** a ir

Evaluación: Primera etapa

Answers

A 1. d
2. e
3. b
4. a
5. c
6. a

B 7. c
8. c
9. a
10. c
11. b
12. d
13. b
14. b
15. a
16. d
17. a
18. b

C 19. c
20. d
21. c
22. d
23. a
24. a
25. b
26. a
27. b
28. a
29. b
30. c
31. b
32. d
33. a
34. d
35. b

Script

A 🎧 CD 1 Tr. 1

1. Buenos días, Señora Alba. ¿Cómo está usted?

2. Tengo dieciséis años.

3. Mi mejor amiga, Celia, es graciosa. Tiene los ojos negros y el pelo corto.

4. A mis padres les gusta salir con amigos todos los viernes.

5. Todavía necesito unos cuadernos y también unas carpetas.

6. Mi materia preferida es el español. No me gustan las matemáticas. Son aburridas.

6

Evaluación: Segunda etapa

A Listen to each statement. Then choose the answer that best tells what each statement is about. *(Some answers may be used more than once.)*

_____ **1.**

_____ **2.**

_____ **3.**

_____ **4.**

_____ **5.**

_____ **6.**

> **a.** how people feel
> **b.** what someone is doing
> **c.** holiday plans
> **d.** work plans
> **e.** running late
> **f.** a shopping trip

B Vocabulario

_____ **7.** Karla eats a mainly vegetarian diet, but loves seafood. Which item would she most likely *not* have for lunch?
  a. pescado con arroz
  b. un sándwich de queso y tomate
  c. carne con papas fritas
  d. sopa de verduras

_____ **8.** Which item do you need to brush your teeth?
  a. el cepillo de dientes   **c.** el peine
  b. el jabón   **d.** el maquillaje

_____ **9.** Choose the activity that would most likely be done outdoors.
  a. levantar pesas   **c.** montar en bicicleta
  b. nadar en el lago   **d.** hacer yoga

_____ **10.** Choose the dialog that does *not* have a logical reply.
  a. —Estoy cansada.
    —Debes descansar y dormir lo suficiente.
  b. —Estoy enfermo.
    —Debes acostarte temprano esta noche.
  c. —Me siento nervioso.
    —Debes relajarte.
  d. —Estoy aburrido.
    —Debes seguir una dieta sana.

_____ **11.** Sandra was playing tennis and she hurt her shoulder. Which of the following sentences expresses how she feels?
  a. Me duele el pecho.
  b. Me duele el cuello.
  c. Me duele la espalda.
  d. Me duele el hombro.

(7)

EVALUACIÓN: SEGUNDA ETAPA

_____ **12.** Choose the correct answer that completes the following relationship.
los calcetines:los zapatos de tenis::_____

    a. las sandalias:las botas
    b. la camisa:el saco
    c. el sombrero:el abrigo
    d. el traje de baño:el piyama

_____ **13.** Choose the dialog that has a logical reply.

    a. —¿En qué le puedo servir?
      —¡Cuestan veinte dólares!
    b. —¿Qué te parece el vestido?
      —Cierra a las cinco y media.
    c. —¿Qué talla usa?
      —Uso la talla ocho.
    d. —¿Cómo me queda la chaqueta?
      —Es negra y de algodón.

_____ **14.** Where would you most likely go to do the following activity?
tomar un batido

    a. la tienda de música   **c.** la juguetería
    b. la joyería   **d.** la heladería

_____ **15.** Phil and Melissa love to watch fireworks. Choose the celebration that they would enjoy the most.
    a. una boda
    b. el Día de los Enamorados
    c. el Día de la Independencia
    d. la Semana Santa

_____ **16.** Which of the following expresses an illogical order of activities at an airport?

    a. desembarcar, buscar el reclamo de equipaje, pasar por la aduana
    b. hacer cola, facturar el equipaje, sentarse en la sala de espera
    c. pasar por el control de seguridad, abordar el avion, recoger la maleta
    d. desembarcar, buscar los servicios, ir a la oficina de cambio

_____ **17.** Which activity would you not be able to do on the lake?
    a. ir de pesca
    b. ir al parque de diversiones
    c. pasear en canoa
    d. esquiar en el agua

EVALUACIÓN: SEGUNDA ETAPA

_____ **18.** Choose the dialog that does *not* have a logical reply.

    a. —¿Me puede decir dónde está el museo?

       —Está en el centro.

    b. —¿Dónde se puede conseguir un boleto de tren?

       —Lo siento, no sé.

    c. —¿Sabé dónde está la oficina de correos?

       —Sí, por favor, que me llame.

    d. —¿Qué desea usted?

       —¿Me trae un tenedor y una servilleta, por favor?

C Grámatica

_____ **19.** Choose the correct way to complete the following dialog.

    —¿Cuánto c_____sta el sombrero?

    —Veinte dólares, señorita.

    a. -o-   **c.** -ie-

    b. -u-   **d.** -ue-

_____ **20.** Which sentence would you complete with **está?**

    a. Sandra _____ de México.

    b. Ella _____ profesora.

    c. Sandra _____ muy inteligente.

    d. Ahora _____ en Los Ángeles de vacaciones.

_____ **21.** Choose the correct way to complete the following dialog.

    —¿Quién va a comprar los refrescos para la fiesta?

    —Yo _____ voy a comprar.

    a. los   **c.** las

    b. lo   **d.** la

_____ **22.** How would you say that you get up late on Sundays?

    Yo _____ tarde los domingos.

    a. se levanta

    b. me levanta

    c. me levanto

    d. levanto

_____ **23.** Which is the correct way to complete the following sentence?

    Debo _____ esta noche para el examen.

    a. estudias

    b. estudiar

    c. voy a estudiar

    d. estudio

EVALUACIÓN: SEGUNDA ETAPA

_____ **24.** Where would you put the object pronoun **lo** in the following sentence?
¿El ponche? Héctor _____ va a _____ preparar_____.

   a. only before **va**

   b. before **va** or before **preparar**

   c. only after **preparar**

   d. before **va** or after **preparar**

_____ **25.** Choose the correct way to say "these apples."

   a. esa manzana

   b. esas manzanas

   c. estas manzanas

   d. esta manzana

_____ **26.** Daniel feels he is a better soccer player than his brother Marcos. Which of the following sentences expresses how he feels?

   a. Juego al fútbol mejor que mi hermano.

   b. Juego al fútbol peor que mi hermano.

   c. Juego al fútbol más que mi hermano.

   d. Juego al fútbol menos que mi hermano.

_____ **27.** Solve the following problem.
35 dólares + 66 dólares = _____.

   a. cien dólares

   b. ciento un dólares

   c. novecientos noventa y nueve dólares

   d. noventa y un dólares

_____ **28.** How would your mom tell you to set the table?
_____ la mesa, por favor.

   a. Pongo

   b. Pones

   c. Pon

   d. Estás poniendo

_____ **29.** Which is the correct way to tell a friend not to put too much salt in his food?
¡_____ mucha sal a la comida!

   a. No le ponemos

   b. No vas a ponerle

   c. No le pongas

   d. No le pones

EVALUACIÓN: SEGUNDA ETAPA

_____ **30.** What is the correct way to say that Sonia is reading a magazine right now?
Sonia _____ una revista.

   a. acaba de leer
   b. piensa leer
   c. leyó
   d. está leyendo

_____ **31.** How would you say that last night you went to bed late?
Anoche _____ tarde.

   a. me voy a acostar
   b. me acosté
   c. me estoy acostando
   d. me acuesto

_____ **32.** Choose the sentence that correctly answers the following question.
¿Qué hicieron tú y Luis ayer?

   a. Hicimos la tarea y después comimos.
   b. Siempre hacemos la tarea juntos.
   c. No hicieron nada interesante.
   d. Hice mis maletas y salí a las dos.

_____ **33.** Complete the sentence with the correct verb forms.
El sábado pasado, yo _____ al cine con Jaime y después nosotros _____ a la heladería.

   a. voy, vamos a ir
   b. fui, fuimos
   c. fuiste, vamos
   d. fue, fuimos

_____ **34.** Choose the correct way to complete the following sentence.
Anoche yo lleg_____ muy tarde a la fiesta.

   a. -é   **c.** -ó
   b. -ué   **d.** -o

_____ **35.** How would you say that Alejandra got an A in her biology class?
Alejandra _____ una A en la clase de biología.

   a. saqué
   b. saca
   c. sacaste
   d. sacó

  (11)

Evaluación: Segunda etapa

A
1. d
2. e
3. b
4. a
5. c
6. e

B
7. c
8. a
9. b
10. d
11. d
12. b
13. c
14. d
15. c
16. c
17. b
18. c

C
19. d
20. d
21. a
22. c
23. b
24. d
25. c
26. a
27. b
28. c
29. c
30. d
31. b
32. a
33. b
34. b
35. d

Script

A 🎧 CD 1 Tr. 2

1. Tengo que trabajar en la heladería mañana.

2. Gilberto y yo nos despertamos tarde ayer y perdimos el autobús.

3. Ángela está leyendo una novela en su cuarto.

4. Tomás y Papá no se sienten bien hoy.

5. Ricardo piensa reunirse con su abuela para la Navidad.

6. Yo llegué tarde al aeropuerto.

(12)

RUBRICS FOR EVALUACIÓN: PRIMERA ETAPA

Use the following correlations between the *Puente* Diagnostic Exam Items and their corresponding *Puente* Review Topics to develop your Customized Review Packet. By tallying students' incorrect answers to Exam 1 you can evaluate Vocabulary and Grammar Topics needing review.

	Incorrect Answers	Vocabulary Topic: Part 1
Exam Item 7		**Topic 1** The Alphabet
Exam Item 8		**Topic 2** Greetings and Introductions
Exam Item 9		**Topic 3** Numbers
Exam Item 10		**Topic 4** Time of Day
Exam Item 11		**Topic 5** Date, Age, Birthday
Exam Item 12		**Topic 6** Seasons and the Weather
Exam Item 13		**Topic 7** Describing People
Exam Item 14		**Topic 8** Pastimes, Games, Sports
Exam Item 15		**Topic 9** Family
Exam Item 16		**Topic 10** Home and Chores
Exam Item 17		**Topic 11** Places at School and School Events
Exam Item 18		**Topic 12** School Subjects and School Supplies

(13)

Nombre _____ Clase _____ Fecha _____

RUBRICS FOR EVALUACIÓN: PRIMERA ETAPA

	Incorrect Answers	Grammar Topic: Part 1
Exam Item **19**		**Topic 1** Nouns and Pronouns
Exam Item **20**		**Topic 2** Subjects and Verbs
Exam Item **21**		**Topic 3** Questions
Exam Item **22**		**Topic 4** Adjectives
Exam Item **23**		**Topic 5** Possessive Adjectives
Exam Item **24**		**Topic 6** Present Tense: Regular Forms
Exam Item **25**		**Topic 7** Present Tense: e ➜ ie, o ➜ ue
Exam Item **26**		**Topic 8** Present Tense Irregular *Yo* Forms
Exam Item **27**		**Topic 9** The Verb *Ser*
Exam Item **28**		**Topic 10** The Verb *Estar*
Exam Item **29**		**Topic 11** *Gustar, Tocar,* and *Parecer*
Exam Item **30** Item **31**		**Topic 12** The Verb *Tener*
Exam Item **32**		**Topic 13** Negation
Exam Item **33** Item **34**		**Topic 14** Prepositions
Exam Item **35**		**Topic 15** Verbs Followed by Infinitives

Puente: Customized Level 1 Review
(14)

Nombre _____ Clase _____ Fecha _____

RUBRICS FOR EVALUACIÓN: SEGUNDA ETAPA

Use the following correlations between the *Puente* **Diagnostic Exam Items** and their corresponding *Puente* **Review Topics** to develop your Customized Review Packet. By tallying students' incorrect answers to Exam 1 you can evaluate Vocabulary and Grammar Topics needing review.

	Incorrect Answers	Vocabulary Topic: Part 2
Exam Item **7**		**Topic 13** Food
Exam Item **8**		**Topic 14** Daily Routines
Exam Item **9**		**Topic 15** Exercising
Exam Item **10**		**Topic 16** Wellness
Exam Item **11**		**Topic 17** Parts of the Body
Exam Item **12**		**Topic 18** Clothes
Exam Item **13**		**Topic 19** Shopping for Clothes
Exam Item **14**		**Topic 20** Stores
Exam Item **15**		**Topic 21** Holidays and Celebrations
Exam Item **16**		**Topic 22** Travel Preparation and Services
Exam Item **17**		**Topic 23** Tourist and Vacation Activities
Exam Item **18**		**Topic 24** Asking for Help and Information

RUBRICS FOR EVALUACIÓN: SEGUNDA ETAPA

	Incorrect Answers	Grammar Topic: Part 2
Exam Item 19		**Topic 16** Present Tense: Stem-Changing Verbs
Exam Item 20		**Topic 17** *Ser* and *Estar*
Exam Item 21		**Topic 18** Direct Objects
Exam Item 22		**Topic 19** Verbs with Reflexive Pronouns
Exam Item 23		**Topic 20** Using Infinitives
Exam Item 24		**Topic 21** Placement of Object and Reflexive Pronouns
Exam Item 25		**Topic 22** Demonstrative Adjectives
Exam Item 26		**Topic 23** Comparisons
Exam Item 27		**Topic 24** Numbers and Adjectives of Quantity
Exam Item 28		**Topic 25** Affirmative Informal Commands
Exam Item 29		**Topic 26** Negative Informal Commands
Exam Item 30		**Topic 27** Present Progressive
Exam Item 31		**Topic 28** Preterite: Regular Forms
Exam Item 32 Item 33		**Topic 29** Preterite of *Hacer* and *Ir*
Exam Item 34 Item 35		**Topic 30** Spelling Changes in the Preterite

Nombre _____ Clase _____ Fecha _____

RUBRICS FOR LISTENING COMPREHENSION

Use the following criteria to evaluate listening comprehension of Listening Activity A in the *Puente* Diagnostic Exams.

	Correct Answers	Assessment
3	5–6 (out of 6)	Student understands all or most of what he hears on a variety of topics.
2	3–4 (out of 6)	Student understands about half of what he hears on a variety of topics.
1	0–2 (out of 6)	Student understands little or nothing of what he hears on a variety of topics.

El alfabeto

a (a)	b (be)	c (ce)	d (de)	e (e)
abeja	burro	ciclismo	dinosaurio	elefante

f (efe)	g (ge)	h (hache)	i (i)	j (jota)
flores	geografía	hormiga	isla	jirafa

k (ka)	l (ele)	m (eme)	n (ene)	ñ (eñe)
koala	león	mariposa	naranjas	araña

o (o)	p (pe)	q (cu)	r (ere)	s (ese)
oso	pez	queso	pera	sal

t (te)	u (u)	v (ve, uve)	w (uve doble)*	x (equis)
tortuga	uvas	vaca	Wilfredo	examen

y (i griega)	z (zeta)	ch (che)	ll (elle)	rr (erre)
yoga	zanahorias	chimpancé	llama	perro

*Another way to say *W* in Spanish is **doble ve.**

Holt Spanish

Puente: Customized Level 1 Review

REPASO DE VOCABULARIO

Actividades

A Listen as several speakers say and spell out the Spanish words for some animals. Write the words in Spanish as you hear them.

1. _____   5. _____

2. _____   6. _____

3. _____   7. _____

4. _____   8. _____

B Write the appropriate word from the alphabet chart beside each cue.

1. a school subject beginning with "ge" _____

2. an animal beginning and ending with "o" _____

3. a fruit beginning with "ene" _____

4. an exercise beginning with "i griega" _____

5. an insect beginning with "hache" _____

C Write the name of the following animals in Spanish.

1. be – u – erre – o _____

2. uve – a – ce – a _____

3. jota – i – ere – a – efe – a _____

4. ka – o – a – ele – a _____

5. a - ere - a - eñe - a _____

D Choose the matching word from the alphabet chart and spell it out using Spanish letters.

MODELO plants such as roses and tulips
efe - ele - o - ere - e - ese

1. the name of a boy

_____

2. an insect that flies and can sting you

_____

3. a very large animal with a long trunk

_____

4. an orange vegetable

_____

(20)

A conocernos

TEMA
2

REPASO DE VOCABULARIO

—Éste es José. (Él) Es un compañero
de clase.
—Mucho gusto./Encantado.
—Igualmente.

—Hola, ¿qué tal?/¿cómo estás?
—Más o menos. ¿Y tú?
—Estoy bien, gracias.

Me llamo Ana.

Soy de España.

Soy estudiante.

¿Cómo te llamas (tú)?
¿Cómo se llama (usted)?
¿De dónde eres (tú)?
¿De dónde es (usted)?
¿Eres (tú) estudiante?
¿Es (usted) profesor?

—Tengo que irme. ¡Nos
vemos!
—¡Adiós!
—¡Hasta luego/mañana!

Más vocabulario
Buenos días.
Buenas tardes/noches.
Estoy regular/mal.

Actividades

A Are the people you hear **a)** greeting each other or **b)** asking each other how
🎧 they are?

1. _____   2. _____   3. _____   4. _____   5. _____

21

B Complete each dialog with an appropriate response from the list. Some responses may be used more than once.

_____ **1.** ¿Cómo te llamas?

_____ **2.** Éste es Felipe.

_____ **3.** Encantado.

_____ **4.** Hasta luego.

_____ **5.** ¿De dónde eres?

> **a.** Adiós.
> **b.** Igualmente.
> **c.** Me llamo Conchita.
> **d.** Mucho gusto.
> **e.** Soy de España.

C Look at the pictures to see how each person is feeling. Then complete each dialog with an appropriate response.

1. —Buenos días, señorita. ¿Cómo está usted?

_____

2. —Hola, Luisa. ¿Cómo estás?

_____

1.

2.

3. —Hola, Bernardo. ¿Qué tal?

_____

4. —Buenas tardes, señora. ¿Cómo está usted?

_____

3.   **4.**

D Marisa and her friends are saying good-bye after a party. Write five different expressions they might use.

1. Marisa: _____

2. Carlos: _____

3. Alma: _____

4. Rita: _____

5. Luis: _____

(22)

Los números

REPASO DE VOCABULARIO

★	● ●	★★ ★	●● ●●	★★★ ★★
uno	dos	tres	cuatro	cinco
●●● ●●●	●●● ● ●●●	●●● ●●● ●●	★★★ ★★★ ★★★	★★★ ★★★★ ★★★
seis	siete	ocho	nueve	diez

0 cero	**20** veinte	**30** treinta	**40** cuarenta
11 once	**21** veintiuno	**31** treinta y uno	**41** cuarenta y uno
12 doce	**22** veintidós	**32** treinta y dos	**50** cincuenta
13 trece	**23** veintitrés	**33** treinta y tres	**52** cincuenta y dos
14 catorce	**24** veinticuatro	**34** treinta y cuatro	**60** sesenta
15 quince	**25** veinticinco	**35** treinta y cinco	**63** sesenta y tres
16 dieciséis	**26** veintiséis	**36** treinta y seis	**70** setenta
17 diecisiete	**27** veintisiete	**37** treinta y siete	**80** ochenta
18 dieciocho	**28** veintiocho	**38** treinta y ocho	**90** noventa
19 diecinueve	**29** veintinueve	**39** treinta y nueve	**100** cien

Actividades

A You and your friend Elena are double-checking phone numbers for some of the students in your class. Listen to what Elena says and fill in the missing numbers.

1. Beatriz 3- _____ - _____ -1-9- _____ - _____

2. Jorge 2- _____ - _____ - _____ - _____ -2-8

3. Rosaura _____ -1-3- _____ - _____ -3-1

4. Ángel 7-1-8- _____ - _____ - _____ - _____

5. Gladys _____ -2-8-1-5- _____ - _____

REPASO DE VOCABULARIO

B Write out the Spanish word for each number to tell how many **euros** each item costs.

1.   2.   3.   4.

1. _____

2. _____

3. _____

4. _____

C Solve the following problems. Write out the Spanish word for each number.

1. 17 + 5 = _____

2. 70 − 6 = _____

3. 80 ÷ 2 = _____

4. 20 + 11 = _____

5. 48 + 6 = _____

6. 94 − 9 = _____

7. 99 − 7 = _____

8. 200 ÷ 2 = _____

9. 3 × 25 = _____

10. 0 × 43 = _____

D Write out the Spanish word for the number that comes next in the series.

1. 10, 20, 30, 40, _____

2. 40, 45, 50, 55, 60, _____

3. 90, 70, 50, 30, _____

4. 66, 68, 70, 72, 74, _____

5. 1, 2, 4, 8, 16, 32, _____

6. 60, 45, 30, 15, _____

¿Qué hora es?

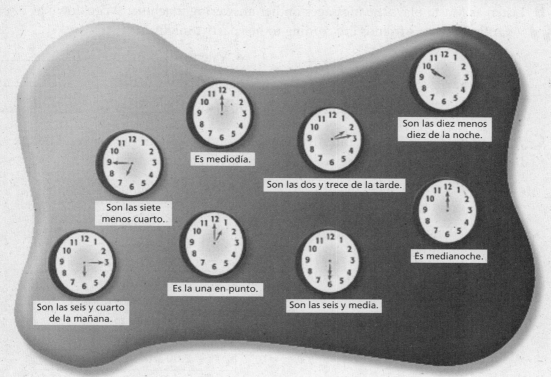

Es mediodía.

Son las diez menos diez de la noche.

Son las dos y trece de la tarde.

Son las siete menos cuarto.

Es medianoche.

Son las seis y cuarto de la mañana.

Es la una en punto.

Son las seis y media.

Los estudiantes llegan al colegio temprano por la mañana. Ellos llegan antes de las ocho.

—¿A qué hora llega Ramón al colegio?
—Llega muy tarde, ¡a la una en punto!

Más vocabulario
por la mañana/ tarde/noche
tarde/temprano
antes de/después de

Actividades

A Choose the correct time.

_____ **1.** 3:00   **a.** Son las tres en punto.   **b.** Son las tres y media.

_____ **2.** 9:15   **a.** Son las nueve menos cuarto.   **b.** Son las nueve y cuarto.

_____ **3.** 7:25   **a.** Son las siete y media.   **b.** Son las siete y veinticinco.

_____ **4.** 1:30   **a.** Es la una y cuarto.   **b.** Es la una y media.

_____ **5.** 11:40   **a.** Son las doce menos veinte.   **b.** Son las once y veinte.

Nombre _____ Clase _____ Fecha _____

REPASO DE VOCABULARIO

B Listen as Marta plays the messages on her answering machine. Write down at
what time Marta's friends are coming to her party tonight.

1. Jorge _____   **4.** Valentín _____

2. Juliana _____   **5.** Marisol y Chema _____

3. Anabel _____   **6.** Gabi _____

C It's the first day of school, and Ángela is still confused about her classes. Look at
her schedule, then write **sí** or **no** for each of her statements below.

_____ **1.** Por la mañana tengo cuatro
materias.

_____ **2.** Tengo la clase de inglés muy
temprano.

_____ **3.** Por la tarde tengo biología.

_____ **4.** Después del almuerzo tengo
educación física.

_____ **5.** Por la tarde tengo arte.

Horario
8:00 inglés
9:00 matemáticas
10:00 biología
11:00 educación física
12:00 almuerzo
1:00 computación
2:00 arte

D Write out in Spanish what time it is.

`9:50 PM` **MODELO** **Son las diez menos diez de la noche.**

`2:50 PM` **1.** _____

`5:45 AM` **2.** _____

`12:00 PM` **3.** _____

`10:25 AM` **4.** _____

`8:30 AM` **5.** _____

E Néstor and his friends all arrive home at different times. Write sentences telling
what time each of them arrives home.

MODELO: Néstor / 12:10 P.M. **Néstor llega a las doce y diez de la tarde.**

1. Rosamaría / 5:25 P.M. _____

2. Teresa / 11:55 A.M. _____

3. Arturo / 1:20 P.M. _____

4. Rogelio / 10:40 A.M. _____

5. Beatriz / 9:45 P.M. _____

¿Cuándo es?

lunes	martes	miércoles	jueves	viernes	sábado	domingo
14	15	16	17	18	19	20

—¿Qué fecha es hoy?　　—¿Qué día es hoy?
—Es el primero de enero.　—Hoy es martes.

l m m j v s d

			1	2	3
4	5	6	7	8	9	10
11	12	13	14	15	16	17
18	19	20	21	22	23	24
25	26	27	28	29	30	31

enero

febrero

marzo

abril

mayo

junio

julio

agosto

septiembre

octubre

noviembre

diciembre

—¿Cuándo es el
cumpleaños de
Miguel?
—Es el veintiuno de
diciembre.
—¿Cuándo es tu
cumpleaños?
—Es el treinta de
septiembre.

—¿Cuántos años
tiene Miguel?
—Tiene catorce
años.
—¿Cuántos años
tienes tú?
—Yo tengo veintiún
años.

Actividades

A After each group of words, write the word that does not belong with that group.

1. enero　　octubre　　miércoles　_____

2. viernes　junio　　　jueves　　_____

3. sábado　septiembre　diciembre　_____

4. marzo　　martes　　septiembre　_____

5. febrero　agosto　　domingo　_____

6. sábado　abril　　　lunes　　_____

(27)

REPASO DE VOCABULARIO

B Match the following parts of conversations with the appropriate picture.

a.   b.   c.

_____ **1.** Marta, soy Toni. ¿Quieres venir a mi fiesta el viernes?

_____ **2.** Siempre voy al café con Diego los jueves.

_____ **3.** El cumpleaños de mamá es el sábado. ¿Qué hacemos?

C Write sentences to tell the following dates in Spanish. Write out the numbers.

MODELO Pearl Harbor Day **Es el siete de diciembre.**

   1. New Year's Day _____

   2. April Fool's Day _____

   3. Valentine's Day _____

   4. Christmas Eve _____

   5. Halloween _____

D Write a question for each of the following answers.

   1. El cumpleaños de María es el dieciocho de agosto.

   _____

   2. Hoy es jueves.

   _____

   3. Hoy es el treinta de septiembre.

   _____

   4. Tengo diecisiete años.

   _____

   5. Mi cumpleaños es el diecinueve de enero.

   _____

Las estaciones y el tiempo

REPASO DE VOCABULARIO

¿Qué tiempo hace?

La primavera

Hace mal tiempo. Llueve y hace viento.

El verano

Hace calor. Hace sol.

Hace buen tiempo. Hace fresco.

El otoño

Hace frío. Nieva.

El invierno

—¿Qué hacen tus amigos y tú cuando hace calor?
—Vamos a la playa y nadamos.

—¿Qué tiempo hace en Costa Rica en verano?
—Llueve mucho.

—¿Qué hacen ustedes cuando llueve?
—Vemos televisión.

—¿Qué hace usted cuando nieva?
—Me gusta leer en casa.

REPASO DE VOCABULARIO

Actividades

A Listen to six descriptions of the weather. Decide if each one describes picture **a,** picture **b,** or neither picture.

1. _____
2. _____
3. _____
4. _____
5. _____
6. _____

a.

b.

B Match each picture below with the best description of the weather.

a.

b.

c.

d.

_____ **1.** Hace mucho calor.   _____ **3.** Llueve mucho.

_____ **2.** Hace viento.   _____ **4.** Hace mucho frío.

C Read the following sentences. If the statement is logical or true, write **sí.** If not, write **no** and change the underlined part of the sentence.

_____ **1.** Vamos al parque cuando hace <u>mal</u> tiempo.

_____

_____ **2.** En México y en Estados Unidos, es <u>otoño</u> en octubre.

_____

_____ **3.** La profesora lee en <u>la playa</u> cuando llueve.

_____

_____ **4.** En Argentina y en Chile, es <u>verano</u> en febrero.

_____

_____ **5.** Nos gusta nadar cuando hace mucho <u>frío</u>.

_____

30

¿Cómo son?

Tiene el pelo castaño.

Es alto y delgado.

Juan es serio y tímido.

Es rubia.

Tiene los ojos grandes y azules.

Verónica es atlética y extrovertida. No es gorda.

Es moreno. Tiene el pelo negro.

Usa lentes y tiene los ojos de color café.

Gabriel es inteligente.

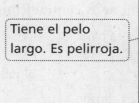

Tiene el pelo largo. Es pelirroja.

Adriana es trabajadora. No es perezosa.

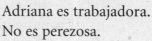

Tiene los ojos verdes.

Tiene el pelo corto.

Es rubio.

Iliana y Eduardo son simpáticos. Iliana es bonita. Eduardo es guapo.

El gato Misifuz es antipático.

Más vocabulario

**romántico   aburrido   canoso
gracioso   travieso   joven**

La gatita Minú es simpática.

Nombre _____ Clase _____ Fecha _____

REPASO DE VOCABULARIO

Actividades

A Listen to Alicia describe some of her friends. Look at each illustration and write **sí** if her description matches the picture or **no** if it does not.

1. _____ 2. _____ 3. _____ 4. _____ 5. _____

B A new student is describing her classmates, but keeps getting them confused. Correct her descriptions by contradicting her statements.

_____ 1. —Mariela es baja.
   —No, es _____.
   a. tonta   **b.** pelirroja   **c.** alta

_____ 2. —Pedro es tímido.
   —No, es _____.
   a. atlético   **b.** guapo   **c.** extrovertido

_____ 3. —Carlos es simpático.
   —No, es _____.
   a. antipático   **b.** inteligente   **c.** trabajador

_____ 4. —Daniela es seria.
   —No, es _____.
   a. baja   **b.** inteligente   **c.** graciosa

_____ 5. —Rosa es activa.
   —No, es _____.
   a. tímida   **b.** perezosa   **c.** romántica

C Restate each sentence, using the opposite of the underlined word.

MODELO Marisa es <u>alta</u>. **No es baja.**

1. Diana es <u>trabajadora</u>. _____

2. Carlos y Claudio son <u>simpáticos</u>. _____

3. Alma es <u>extrovertida</u>. _____

4. Rita y Juan son <u>jóvenes</u>. _____

5. Pablo es <u>gordo</u>. _____

6. Miguel tiene el pelo <u>largo</u>. _____

¿Qué te gusta hacer?

REPASO DE VOCABULARIO

A Maribel y a Flavio les gusta bailar. Les gusta ir a fiestas.

A Hernán le gustan los videojuegos. También le gusta navegar por Internet.

A Alicia le gusta leer libros de amor. También le gusta alquilar videos de amor.

A Raúl le gusta practicar deportes. Raúl juega al fútbol americano. (al tenis, al básquetbol)

Más vocabulario
pasear
hablar por teléfono
ver películas (de ciencia ficción, de terror)

Sara dibuja todos los días

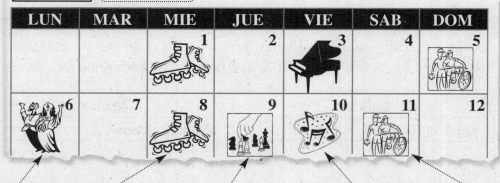

LUN	MAR	MIE	JUE	VIE	SAB	DOM
		1	2	3	4	5
6	7	8	9	10	11	12

Sara quiere cantar con su amigo el lunes.

Sara patina los miércoles. Es divertido patinar.

Sara tiene que jugar al ajedrez el jueves. No le gusta porque es aburrido.

Los viernes Sara escucha música o toca el piano.

A Sara le gusta montar en bicicleta con su amigo los fines de semana.

REPASO DE VOCABULARIO

Actividades

A Listen to what these people like or want to do. Then, match what each person says to the correct picture.

a.   b.   c.   d.   e.

1. _____   2. _____   3. _____   4. _____   5. _____

B Look back at Sara's calendar on page 33, then answer the questions.

1. A Sara, ¿qué le gusta hacer los miércoles?

_____

2. ¿Qué no le gusta hacer?

_____

3. ¿Qué le gusta hacer con sus amigos? Menciona dos cosas.

_____

4. ¿Qué actividades musicales le gusta hacer?

_____

5. ¿Qué deportes practica Sara, y cuándo?

_____

C Gabriel likes active outdoor activities. Arturo prefers quiet indoor activities. Recommend five activities for each. The first two have been done for you.

Gabriel	Arturo
jugar al fútbol	alquilar videos

  (34)

La familia

Ésta es mi familia.

mis abuelos

mi abuelo
Rufino

mi abuela
Marta

mis padres

mi padre
(papá) Julio,
el hijo de
Rufino y
Marta

mi madre
(mamá)
Dora

mis tíos

mi tío Abel

mi tía Flora,
la hija de
Rufino y
Marta

mis hermanos y yo

yo, Marisol,
la nieta de
Rufino y
Marta

mi hermano
mayor Beto,
el nieto de
Rufino y
Marta

mi hermana
menor Carla,
la nieta de
Rufino y
Marta

mis primos

mi prima
Melisa,
la sobrina de
Julio y Dora

mi primo
Josué,
el sobrino
de Julio y
Dora

Actividades

A Complete the definitions with the Spanish word for each relative.

1. La madre de mi padre es mi _____.

2. El hermano de mi padre es mi _____.

3. Soy el nieto (la nieta) de mis _____.

4. La hija de mis padres es mi _____.

REPASO DE VOCABULARIO

B Mira el árbol genealógico *(family tree)* y escucha las oraciones. Indica si cada oración es **cierta** o **falsa**.

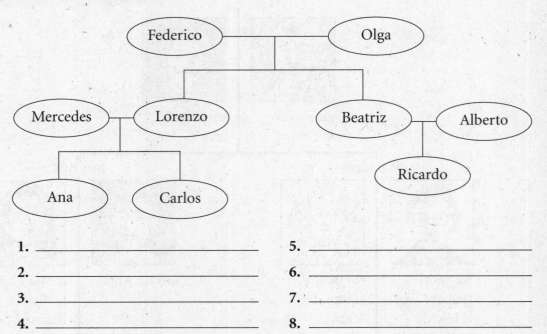

1. _____   5. _____

2. _____   6. _____

3. _____   7. _____

4. _____   8. _____

C Use the family tree to complete the sentences about Roberto's family.

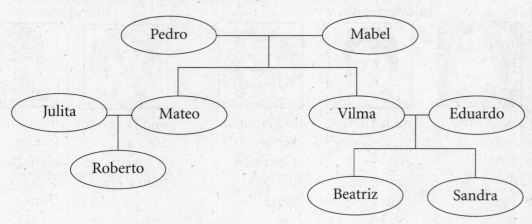

1. Roberto es el _____ de Eduardo.

2. Beatriz es la _____ de Pedro y Mabel.

3. El _____ de Sandra se llama Roberto.

4. Vilma es la _____ de Mabel.

5. Pedro es el _____ de Mateo.

6. Sandra y Beatriz son _____.

La casa y los quehaceres

TEMA
10

REPASO DE VOCABULARIO

¿Qué te toca hacer en casa?

Vamos por la puerta de la habitación al patio.

Tenemos que cuidar las plantas.

Tengo que hacer la cama.

Hay que pasar la aspiradora en la alfombra delante del sofá.

el garaje

la habitación

el baño

la sala

la cocina

Mi hermana hace la tarea. Su escritorio está al lado de las ventanas.

Es importante limpiar el baño.

Todos necesitan arreglar los cuartos.

Necesitamos sacar la basura.

En la cocina hay una mesa y dos sillas.
No hay comedor.
Lavamos los platos después de cocinar y comer.

Cortamos el césped en el jardín.

Actividades

A Tell in which room(s) or areas you would do the following.

1. lavar los platos _____

2. cocinar _____

3. hacer la cama _____

4. pasar la aspiradora _____

5. cortar el césped _____

6. bañarte _____

37

REPASO DE VOCABULARIO

B Listen as Juan and his mother talk about what chores everyone has to do. Then write the name of the person below the chore he or she will do.

1. 2. 3. 4. 5.

_____ _____ _____ _____ _____

C Identify the chore that is being done in each picture.

1. 2. 3.

4. 5. 6.

1. _____
_____
2. _____
_____
3. _____
_____
4. _____
_____
5. _____
_____
6. _____

D Raquel is describing her house. Can you identify each place?

1. hay muchas plantas allí _____

2. el cuarto donde duerme Juanita _____

3. mis padres ponen el carro allí _____

4. el cuarto donde preparamos la comida _____

5. el cuarto donde vemos televisión _____

(38)

En el colegio

En el salón de clase...

1. El profesor va a salir temprano del colegio para ir al teatro esta noche.

2. Berta quiere ir al concierto en el auditorio el viernes.

3. Tomás tiene que presentar un examen de inglés mañana.

4. Juanita va a llegar al partido en el estadio a las 7:00 de la noche.

5. Clara va a la clase de baile los lunes.

6. Gabriel va a una reunión del club de español por la tarde.

7. Elena va a hacer la tarea y estudiar en la biblioteca esta noche.

8. Daniel va a almorzar en la cafetería después de clase.

Actividades

A Circle the most logical choice for each sentence.

1. Para ver un partido de fútbol, voy al (auditorio/estadio).

2. Ana presenta un examen en el (teatro/salón de clase).

3. María almuerza en la (cafetería/biblioteca).

4. Celia y David escuchan un concierto en el (partido/teatro).

5. Alberto lee un libro en (el examen/la biblioteca).

REPASO DE VOCABULARIO

B Escucha las conversaciones. Para cada conversación, decide dónde están las personas.

_____ 1.

_____ 2.

_____ 3.

_____ 4.

_____ 5.

_____ 6.

> **a.** en el salón de clase
> **b.** en la biblioteca
> **c.** en la cafetería
> **d.** en el auditorio
> **e.** en el estadio
> **f.** en el club de computación

C Today is Sunday, and Carla is telling a friend her plans for the week, but she keeps getting confused. Write **a)** if Carla's statements are **cierto** *(true)* or **b)** if they are **falso** *(false)* based on her schedule.

lunes	martes	miércoles	jueves	viernes	sábado
estudiar	concierto	club de francés	examen	partido	salir con amigos

_____ 1. Mañana voy al club de francés.

_____ 2. Este fin de semana voy a salir con amigos.

_____ 3. El martes voy a escuchar música.

_____ 4. Esta semana voy a presentar un examen.

_____ 5. El viernes próximo voy a estudiar.

D Use the words from the box to tell where you would go for the following activities.

> **el salón de clase   la cafetería   la biblioteca   el auditorio   el estadio**

1. almorzar _____

2. asistir a un concierto _____

3. presentar un examen _____

4. estudiar para un examen _____

5. ver un partido de fútbol _____

6. asistir a una reunión del club de literatura _____

7. ver una obra de teatro *(a play)* _____

40

Materias y útiles escolares

¿Qué necesito para las clases?

¡Ay! Necesito muchas
cosas para las clases.
Necesito…
   …una mochila
   …una regla
   …una calculadora
   …un lápiz
      (más lápices)
   …un bolígrafo
      (más bolígrafos)
   …un cuaderno
      (más cuadernos)
   …una carpeta
      (más carpetas)
   …un diccionario
y, ¡el libro de español!

Horario
8:00 inglés
9:00 matemáticas
10:00 biología
11:00 educación física
12:00 almuerzo
1:00 computación
2:00 arte
3:00 taller

A las 8:00, Ángela tiene la clase de inglés.
   No le gusta.
En el colegio también hay clases de español,
   francés, y alemán.
A las 9:00, tiene matemáticas. Es fácil.
A las 10:00 tiene biología. Su materia
   preferida es la química.
A las 11:00 tiene educación física. Le gusta
   jugar al básquetbol.
A las 12:00 almuerza en la cafetería.
A la 1:00 tiene computación. Es difícil,
   pero le gusta trabajar en la computadora.
A las 2:00 tiene arte. Quiere estudiar historia,
   pero no hay clase de historia a las 2:00.
Después de la clase de arte, va al taller porque
   quiere saber más de los carros.

Nombre _____ Clase _____ Fecha _____

REPASO DE VOCABULARIO

Actividades

A Escucha las preguntas y escoge la respuesta lógica para cada una.

_____ **1.**

_____ **2.**

_____ **3.**

_____ **4.**

_____ **5.**

_____ **6.**

> **a.** Tengo matemáticas, inglés y biología los martes.
> **b.** Tengo la educación física a la 1:00.
> **c.** Tengo que llevar mi libro de las aventuras de Homero.
> **d.** Sí, me gustan mucho la biología y la química.
> **e.** De todas las materias, me gusta más el arte.
> **f.** Tengo historia a las 8:00, español a las 9:30 y computación a las 11:00.

B Sara is talking about what she has and what she needs for school. Choose the most logical ending for each of her statements below.

_____ **1.** Para las clases de inglés y alemán necesito _____.
    a. un diccionario   **b.** las materias   **c.** una calculadora

_____ **2.** Para la clase de historia tengo _____.
    a. una regla   **b.** un cuaderno   **c.** una calculadora

_____ **3.** Necesito papel para _____.
    a. la educación física   **b.** el almuerzo   **c.** el inglés

_____ **4.** Para escribir necesito _____.
    a. un lápiz   **b.** las materias   **c.** unas carpetas

_____ **5.** Para llevar mis útiles escolares conmigo necesito _____.
    a. unas carpetas   **b.** una mochila   **c.** las materias

C Read the following statements. Then choose a favorite class for each student based on his or her preferences and write your answer on the line provided.

_____ **1.** A Marcia le gustan los animales.
    a. las matemáticas   **b.** la biología   **c.** el taller

_____ **2.** A Nataniel le gusta dibujar.
    a. las ciencias   **b.** el arte   **c.** el inglés

_____ **3.** Jazmín quiere ir a París.
    a. el alemán   **b.** el español   **c.** el francés

_____ **4.** René quiere trabajar con computadoras.
    a. la computación   **b.** el arte   **c.** el español

_____ **5.** Jacinto es muy atlético.
    a. el taller   **b.** el alemán   **c.** la educación física

42

Nouns and Pronouns

▶ **Nouns** name a person, an animal, a thing, or an idea. Nouns are masculine or feminine.

| MASCULINE | profesor | estudiante | libro | perro |
| FEMININE | profesora | estudiante | casa | perra |

▶ To form the plural of a noun, add **-s** if it ends in a **vowel** and **-es** if it ends in a **consonant.** Use the masculine plural form for a group of males and females.

profesora ➔ profesoras   estudiante ➔ estudiantes

libro ➔ libros   señor ➔ señores

Ana y Daniel son profesores. *(Use the masculine plural form.)*

▶ The **definite article** (**el, la, los, las**) and the **indefinite article** (**un, una, unos, unas**) are used before a noun and show gender and number.

el libro   *the book, books in general*

unas casas   *some houses*

un estudiante   *a (male) student*

los profesores   *the professors, professors in general*

▶ A noun can be replaced by a **pronoun.** Nouns that are the subject of a sentence can be replaced by these subject pronouns.

yo	*I*	**nosotros, nosotras**	*we*
tú	*you (familiar)*	**vosotros, vosotras**	*you (familiar, Spain)*
usted	*you (formal)*	**ustedes**	*you (plural)*
él, ella	*he, she*	**ellos, ellas**	*they*

▶ The subject can be left out if everyone knows who or what the subject is.

—¿Óscar habla español?   —Sí, es de Colombia.

Actividades

A Circle the articles in the following sentences, and underline the noun each article goes with. Then check the appropriate column to tell whether the noun is masculine (M) or feminine (F), singular (S) or plural (P).

	M	F	S	P
1. Me gusta el ajedrez.				
2. ¿Te gusta la comida china?				
3. Mi hermano tiene un carro fenomenal.				
4. Tú necesitas una mochila.				
5. No me gusta la música pop.				
6. ¿Te gustan mucho las verduras?				
7. Los libros de aventuras son fenomenales.				
8. Me gustan más los deportes.				

(43)

REPASO DE GRAMÁTICA

B Write the plural form of the following nouns.

compañero	señor	película	helado	animal	nombre

C Solve the following crossword puzzle by writing the Spanish pronouns you would use to replace the names and pronouns.

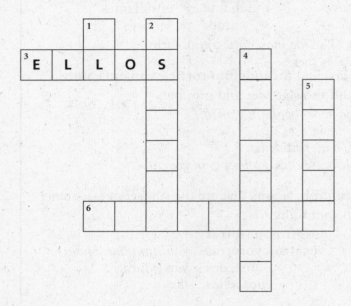

1. to talk about Roberto
2. to talk to Mary and Lucas
3. to talk about Carlos and Yolanda
4. to talk about Roberto and yourself
5. to talk about Laura and Mónica
6. to talk to Marisol and Juan *(in Spain)*

D Write an additional sentence about each of the following people, using the information given in parentheses. Use the correct subject pronoun to replace the person's name.

MODELO Éste es Ricardo. (estudiante)
   Él es estudiante.

1. Ésta es Lucía. (mi amiga)

   _____

2. Éste es Marcos. (un compañero de clase)

   _____

3. Ésta es Mirta. (de Cuba)

   _____

4. Éste es el señor Sosa. (mi profesor de ciencias)

   _____

(44)

TEMA

Subjects and Verbs

2

REPASO DE GRAMÁTICA

▶ The **subject** of a sentence is the person, place, or thing being described or performing an action. It can be a noun or a pronoun.

El señor Garza es profesor de español. **Él** es de España.

Mr. Garza is a Spanish teacher. *He* is from Spain.

▶ The **verb** is the action the subject is performing or the word that connects the subject to a description (a word like **soy/eres/es**).

Alicia **estudia** en casa. Ella **es** de México.

Alicia studies *at* home. *She* is from Mexico.

▶ Changing a verb form to match its subject is called **conjugating.** The conjugated forms are used with subject nouns or pronouns.

yo	nad**o**/corr**o**	nosotros(as)	nad**amos**/corr**emos**
tú	nad**as**/corr**es**	vosotros(as)	nad**áis**/corr**éis**
usted	nad**a**/corr**e**	ustedes	nad**an**/corr**en**
él/ella	nad**a**/corr**e**	ellos/ellas	nad**an**/corr**en**

▶ The subject pronouns can often be left out, since the verb endings tell who or what the subject is.

Nad**o** todos los días. *(The subject is **yo**.)*

Corr**en** en el parque. *(The subject is **ellos** or **ustedes**.)*

Actividades

A Write the subject and the verb of each sentence on the lines that follow it.

MODELO Mi amigo es de España.　　subject: **Mi amigo**　　verb: **es**

1. Yo soy Vicente.　　　　　　　subject: _____　verb: _____

2. Lili es mi compañera de clase.　subject: _____　verb: _____

3. Ella es de California.　　　　　subject: _____　verb: _____

4. Paco estudia mucho.　　　　　subject: _____　verb: _____

5. El señor Ortiz lava el carro.　　subject: _____　verb: _____

6. ¿Tú vas al cine?　　　　　　　subject: _____　verb: _____

7. Nosotros no corremos.　　　　subject: _____　verb: _____

8. Elsa prepara la ensalada.　　　subject: _____　verb: _____

(45)

REPASO DE GRAMÁTICA

B Match each subject with the appropriate verb phrase.

_____ **1.** Mis amigos y yo

_____ **2.** Yo

_____ **3.** Mi amigo Fabián

_____ **4.** Los profesores

_____ **5.** Tú

a. salimos a patinar.
b. estudia en casa.
c. vienen a la fiesta.
d. quiero una limonada.
e. vas al parque hoy.

C Indicate if the following verbs refer to a singular or a plural subject.

	S	P
1. bailan		
2. coméis		
3. voy		
4. eres		
5. hablamos		
6. escribes		

D Unscramble each set of words to make a complete sentence. Capitalize letters and add punctuation where appropriate.

MODELO es / de Bolivia / mi amiga
Mi amiga es de Bolivia.

1. Javier / de México / es

_____

2. es / mi mejor amiga / ella

_____

3. mi profesor / es / él

_____

4. almorzamos / mis amigos y yo / en la cafetería

_____

5. estudias / en el café / tú

_____

6. pizza / vosotros / coméis

_____

Questions

▶ To ask yes or no questions, raise the pitch of your voice at the end of the question. The subject can go before the verb or after the verb, or it can be left out.

—¿Es interesante la novela?   —Sí, es interesante.

—¿Tus amigos hablan inglés?   —No, no hablan inglés.

—¿Hablas español?   —No.

> Use **no** a second time before a verb to mean *not*

▶ To ask for more information, use these question words.

¿Adónde…?	*Where… to?*	**¿De dónde…?**	*Where… from?*
¿Cómo…?	*How…?*	**¿Dónde…?**	*Where…?*
¿Cuál…?	*What…?/Which?*	**¿Por qué…?**	*Why…?*
¿Cuándo…?	*When…?*	**¿Qué…?**	*What…?*
¿Cuánto(a)…?	*How much…?*	**¿Quién(es)…?**	*Who…?*
¿Cuántos(as)…?	*How many…?*		

—**¿Por qué** no quieres ir al cine?   —No quiero ir porque tengo sueño.

—**¿Quiénes** vienen a la fiesta?   —Vienen Enrique y Lucía.

▶ The tag questions **¿no?** or **¿verdad?** can be added to a sentence if you expect someone to answer *yes*. Use **¿verdad?** if the expected answer is *no*.

Isabel es simpática, **¿no?/¿verdad?**   Tú <u>no</u> hablas francés, **¿verdad?**

*Isabel is friendly, **isn't she?***   *You <u>don't</u> speak French, **do you?***

Actividades

A Circle the correct question word to complete the following questions.

1. ¿(Cuántos/Cómo) años tienes?

2. ¿(Cómo/Cuándo) está usted?

3. ¿(Cuántos/Cuándo) es el cumpleaños de Luz María?

4. ¿(Qué/Cómo) te llamas?

5. ¿(Quién/Cuándo) es la profesora de español?

6. ¿(Cuándo/De dónde) es Miguel de Cervantes?

7. ¿(Cuántos/Cómo) es la compañera de clase? ¿Es divertida?

REPASO DE GRAMÁTICA

B Decide if what you hear is a question (Q) or a statement (S).

1. _____   3. _____   5. _____   7. _____

2. _____   4. _____   6. _____   8. _____

C A new student asks you about your friends and teachers. Complete each of her questions with the correct question word. Use the answers as a guide.

1. —¿_____ es tu mejor amigo?
   —Es Horacio.

2. —¿_____ es él?
   —Es de México.

3. —¿_____ es el cumpleaños de Horacio?
   —Es el siete de enero.

4. —¿_____ se llama tu profesora de ciencias?
   —Se llama la señora Herrera.

5. —¿_____ es tu profesor de español, el señor Mena o el señor Rangel?
   —Es el señor Rangel.

D Complete the questions with **cuánto(a)** *(how much)* or **cuántos(as)** *(how many)*.

1. —¿_____ años tienes?
   —Tengo dieciséis años.

2. —¿_____ dinero tiene José?
   —Tiene veintidós dólares.

3. —¿_____ tarea tiene Rosa?
   —Tiene mucha tarea.

4. —¿_____ animales ves en la foto?
   —Veo tres animales.

E Complete the following sentences using the tag question **¿no?** or **¿verdad?**

1. Tú quieres ir al concierto en el auditorio, _____

2. Vamos al partido de básquetbol, _____

3. Quieren comer en un buen restaurante, _____

4. Tu hermano no va a hacer ejercicio, _____

5. Practicamos deportes esta semana, _____

6. Tú no tienes clase de arte, _____

7. El arte es tu materia preferida, _____

(48)

Adjectives

REPASO DE GRAMÁTICA

▶ Adjectives describe people or things. In Spanish, adjectives change their endings to match the **gender** (**masculine** or **feminine**) and the **number** (**singular** or **plural**) of the nouns or pronouns they describe.

un muchacho alt**o**   unos muchachos alt**os**
una muchacha alt**a**   unas muchachas alt**as**

▶ Adjectives that end in **-e** have the same masculine and feminine forms as do most adjectives that end in a **consonant.**

un libro horrib**le**/difíci**l**   unos libros horrib**les**/difíci**les**
una revista horrib**le**/difíci**l**   unas revistas horrib**les**/difíci**les**

▶ Adjectives that end in **-or** or that describe **nationality** have different masculine and feminine forms.

un señor trabajad**or**/españo**l**   unos señores trabajad**ores**/españo**les**
una señora trabajad**ora**/españo**la**   unas señoras trabajad**oras**/españo**las**

▶ Use the masculine plural form of an adjective to describe both masculine and feminine nouns.

José Luis y Elvira son muy travies**os.**
Me gustan las películas y los libros románti**cos.**

Actividades

A Circle each adjective and underline the noun or pronoun it describes. Then, check the right column to tell whether the noun described is singular (S) or plural (P), masculine (M) or feminine (F).

	S	P	M	F
1. Rafael es moreno.				
2. Nosotras somos inteligentes.				
3. Mi mejor amiga es muy callada.				
4. Arturo y Julio son bajos.				
5. Los profesores son divertidos.				
6. Rosario es seria.				
7. Emilia y Fátima son perezosas.				
8. Mis compañeros de clase son simpáticos.				

REPASO DE GRAMÁTICA

B Listen to the descriptions of four people. Write who they are and complete the adjectives used to describe each person.

1. _____: baj _____
bonit _____
moren _____

2. _____: activ _____
moren _____
guap _____

3. _____: extrovertid _____

4. _____: romántic _____
perezos _____

C Circle the appropriate adjective to complete each sentence.

1. Teresa es (pelirroja/pelirrojas).

2. Los estudiantes son (trabajador/trabajadores).

3. Nosotras somos (bonitos/bonitas).

4. Mi mejor amigo es (tímido/tímidos).

5. Mi profesora de ciencias es (simpático/simpática).

6. Ustedes son muy (inteligentes/inteligente).

7. Elisa y Gabriel son (traviesos/traviesas).

D Choose the adjective that describes the person or people in the picture. Then write a sentence using the correct form of the adjective.

1. Diego y Sonia (serio/divertido) _____

2. María (trabajador/graciosa) _____

3. Aura y Henry (simpático/antipático) _____

4. Aura y Diego (moreno/rubio) _____

5. Sonia (bajo/alto) _____

Possessive Adjectives

▶ **Possessive adjectives** show who owns things. They also show relationships between people. While the root of a possessive adjective refers to the owner, the ending agrees with the noun that comes after it.

Owner (Subject Pronoun)	Possessive Adjective	Noun	English equivalents
yo	**mi** **mis**	libro libros	*my book* *my books*
tú	**tu** **tus**	libro libros	*your book* *your books*
usted, él, ella ustedes, ellos, ellas	**su** **sus**	libro libros	*your, his, her, their book* *your, his, her, their books*
nosotros, nosotras	**nuestro** **nuestros** **nuestra** **nuestras**	libro libros casa casas	*our book* *our books* *our house* *our houses*
vosotros, vosotras	**vuestro** **vuestros** **vuestra** **vuestras**	libro libros casa casas	*your book* *your books* *your house* *your houses*

▶ The phrase "**de** + person" can be used to tell who owns something or is related to someone.

    —Ana y la profesora hablan alemán.

    —¿Ah, sí? ¿De dónde son **sus** padres?

    —¿Los padres **de Ana**? ¿O los padres **de la profesora**?

Actividades

A Circle the appropriate possessive adjective to say that the following people are looking for their own things.

    1. Busco (mi/su) libro de español.

    2. Buscamos (sus/nuestros) cuadernos.

    3. Ellos buscan (tus/sus) mochilas.

    4. Mi hermana menor busca (mis/sus) lentes.

    5. ¿Buscas (tus/vuestros) lápices?

    6. Mamá busca (nuestro/su) reloj.

REPASO DE GRAMÁTICA

B Underline the possessive adjective and circle the noun it describes. Then indicate whether the possessive adjective shows singular (S) or plural (P), masculine (M) or feminine (F) agreement.

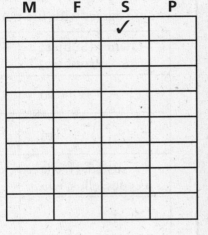

	M	F	S	P
1.			✓	
2.				
3.				
4.				
5.				
6.				
7.				
8.				

1. En <u>mi</u> (familia) somos siete personas.

2. Roberto baila con sus amigas.

3. Venimos de la casa de nuestro primo.

4. Veo a tus abuelos en el parque.

5. Hay mucha comida en nuestra mesa.

6. ¿Tienen ustedes aquí su clase de ciencias?

7. Los padres hacen mucho por sus hijos.

8. Nuestras materias no son fáciles.

C Complete each sentence with the correct possessive adjective. The owner is indicated in parentheses.

MODELO (yo) **Mis** abuelos viven con nosotros.

1. (tú) _____ hermanos son traviesos.

2. (nosotros) _____ primas tienen el pelo largo.

3. (él) _____ sobrinos tienen el pelo corto.

4. (ustedes) _____ papá tiene ojos azules.

5. (vosotras) _____ tías tienen el pelo negro.

D Write a sentence saying where these people are right now.

MODELO La hermana de usted (el restaurante)
Su hermana está en el restaurante.

1. El abuelo de nosotros (el teatro)

_____

2. El amigo de mi padre (el estadio)

_____

3. Las profesoras de nosotros (el auditorio)

_____

4. Las primas de ustedes (el cine)

_____

(52)

Present Tense: Regular Forms

TEMA
6

REPASO DE GRAMÁTICA

▶ Every **verb** has a **stem** followed by an **ending.** The stem tells the verb's meaning. An **infinitive** ending (**-ar, -er,** or **-ir**) doesn't name a subject.

Verb	Verb Stem	Infinitive Ending
cantar	cant-	-ar
comer	com-	-er
escribir	escrib-	-ir

▶ To conjugate a regular verb in the present tense, drop the infinitive ending and add these endings.

	cant**ar**	com**er**	escrib**ir**
yo	cant**o**	com**o**	escrib**o**
tú	cant**as**	com**es**	escrib**es**
él/ella/usted	cant**a**	com**e**	escrib**e**
nosotros(as)	cant**amos**	com**emos**	escrib**imos**
vosotros(as)	cant**áis**	com**éis**	escrib**ís**
ellos/ellas/ustedes	cant**an**	com**en**	escrib**en**

▶ Remember that the subject pronoun can be left out.
  –¿Cant**as** mucho? –Sí, cant**o** todos los días.
  –¿Dónde com**e** Juan? –Com**e** en la cafetería.

Actividades

A In the following sentences, draw a line under each conjugated verb and circle the ending. Then write the infinitive of the verb beside each sentence.

1. Los fines de semana yo alquilo videos. _____

2. Yo bailo en las fiestas y paso el rato con mis amigos. _____

3. Mi mejor amiga monta en bicicleta todos los días. _____

4. ¿Dónde vives tú? _____

5. Mis padres leen mucho. _____

B Complete the following sentences.

1. Los sábados yo _____ (paso/pasas) el rato con amigos.

2. Javi siempre _____ (lee/lees) un libro en el autobús.

3. Yo _____ (corro/corren) en el parque con amigos.

4. ¿Vosotros _____ (vivís/vives) cerca del parque?

5. A veces Marisa _____ (escribe/escribís) en su diario.

53

REPASO DE GRAMÁTICA

C Complete the sentences with the words from the box.

practicamos	practicáis	monto	montamos	escriben
escribimos	abre	abro	escucha	escucho

1. Mis compañeros y yo _____ cartas en español.

2. ¿Vosotras _____ deportes?

3. La biblioteca _____ a las 9:00 de la mañana.

4. Mi madre _____ música en francés.

5. Yo _____ en bicicleta con mis hermanos.

D Complete Marisa's journal entry with the correct form of the verbs.

Yo (1) _____ (escribir) desde México. Mis
compañeros y yo hacemos muchas cosas todos los días. Nosotros
(2) _____ (nadar) en la piscina del hotel por la
mañana. Después de nadar, José (3) _____ (leer) libros
de aventuras, y por la tarde Amanda y él (4) _____
(correr) por la playa. Por la noche nosotros (5) _____
(asistir) a conciertos y fiestas. Yo (6) _____ (hablar)
español con muchas personas, por supuesto.

E Based on the pictures, write what each person does on weekends.

MODELO Descanso.

yo

  1. nosotros   **2.** Juan   **3.** mis amigos   **4.** mi tía

1. _____

2. _____

3. _____

4. _____

Present Tense: e → ie, o → ue

REPASO DE GRAMÁTICA

> ▶ Some verbs have changes to the vowels in their stems when they are conjugated. These are called **stem-changing verbs.**
>
> ▶ In some stem-changing verbs, the vowel changes from **e** to **ie.** In others, the change is from **o** to **ue.** The stem of the verb **jugar** changes from **u** to **ue.**

	e → ie	o → ue	u → ue
	empezar	dormir	jugar
yo	emp**ie**zo	d**ue**rmo	j**ue**go
tú	emp**ie**zas	d**ue**rmes	j**ue**gas
él/ella/usted	emp**ie**za	d**ue**rme	j**ue**ga
nosotros(as)	empezamos	dormimos	jugamos
vosotros(as)	empezáis	dormís	jugáis
ellos/ellas/ustedes	emp**ie**zan	d**ue**rmen	j**ue**gan

> ▶ Here are some common stem-changing verbs.

i → ie	o → ue
empezar *to begin, to start*	**almorzar** *to have lunch*
entender *to understand*	**dormir** *to sleep*
merendar *to have a snack*	**llover** *to rain*
querer *to want*	**volver** *to go back/come back*

Actividades

A Choose the correct verb to complete the following sentences.

_____ 1. Los fines de semana yo _____ con mis abuelos.
     a. almuerzan   **b.** almuerzo

_____ 2. Mi hermano siempre _____ ver televisión por la mañana.
     a. quiere   **b.** queremos

_____ 3. A veces nosotros _____ en la casa de ellos los sábados.
     a. meriendan   **b.** merendamos

_____ 4. Cuando _____, jugamos a juegos de mesa con los abuelos.
     a. llueve   **b.** llover

_____ 5. Mis abuelos _____ la siesta por la tarde.
     a. duerme   **b.** duermen

_____ 6. Mi hermano y yo _____ a casa en autobús.
     a. vuelve   **b.** volvemos

REPASO DE GRAMÁTICA

B Complete each sentence with the correct conjugated form or the infinitive of the underlined verb.

1. Cuando <u>llueve</u> no tengo ganas de salir, pero no va a
   _____ mañana.

2. Voy a <u>merendar</u> en el centro comercial. Yo siempre
   _____ con mis primos los sábados.

3. Luego mi prima Juana viene a mi casa y <u>jugamos</u> al tenis. A ella le gusta
   _____ al tenis conmigo.

4. Después Juana y yo _____ al centro comercial. Pero
   nuestros primos no <u>vuelven</u>.

5. A veces me gusta <u>comenzar</u> la tarea el sábado, pero otras veces
   _____ la tarea el domingo por la noche.

C David is telling you about what he does on Sundays. Complete each of his statements below by supplying the correct conjugated form of one of the verbs in the box.

querer	entender	volver	dormir	almorzar

1. Los domingos casi siempre _____ hasta tarde.

2. A veces yo _____ comer pizza por la mañana.

3. Por la tarde, salgo con mi primo. A veces nosotros _____
   en un restaurante.

4. Me gusta la comida china, pero a veces no _____
   bien el menú.

5. A veces mi primo _____ a casa conmigo y alquilamos
   videos.

D A new student is asking you and your friends about a typical school day. Answer her in complete sentences.

MODELO ¿Vuelven ustedes a casa para almorzar? (no)
   No, no volvemos a casa para almorzar.

1. ¿Almuerzan en la cafetería? (sí)

   _____

2. ¿Duermen en la clase de español? (no)

   _____

3. ¿Quieren tener más exámenes? (sí)

(56)

Present Tense: Irregular *Yo* Forms

▶ These -**er** and -**ir** verbs have irregular **yo** forms. Their other forms are regular.

	hacer	**ver**	**traer**
yo	ha**go**	**veo**	trai**go**
tú	haces	ves	traes
él/ella/usted	hace	ve	trae
nosotros(as)	hacemos	vemos	traemos
vosotros(as)	hacéis	veis	traéis
ellos/ellas/ustedes	hacen	ven	traen

	saber	**poner**	**salir**
yo	**sé**	pon**go**	sal**go**

Yo **hago** la tarea en casa. Pilar **hace** la tarea en la biblioteca.

▶ After **salir,** use **de** to talk about leaving a place. Use **de** after **saber** to say how much someone knows about something.

Salgo de mi casa a las siete.   La profesora **sabe** mucho **de** literatura.

Actividades

A Complete these sentences with the correct verb.

1. ¿Tú _____ del colegio a las 5:30?

   a. hago   **b.** sales   **c.** salgo   **d.** sabes

2. Yo _____ mis papeles en mi mochila.

   a. pongo   **b.** vemos   **c.** salgo   **d.** ve

3. Mi amigo _____ su tarea por la noche.

   a. ponen   **b.** pone   **c.** hacéis   **d.** hace

4. A veces mis amigas _____ su almuerzo de casa.

   a. traigo   **b.** ponen   **c.** traen   **d.** salen

5. Nosotros nunca _____ películas en la cafetería.

   a. sé   **b.** sabemos   **c.** vemos   **d.** veis

6. Yo no _____ mucho de computadoras.

   a. salgo   **b.** sé   **c.** hace   **d.** sabéis

7. Yo nunca _____ televisión durante el día.

   a. hago   **b.** pone   **c.** hacemos   **d.** veo

REPASO DE GRAMÁTICA

B Write the indicated forms of the verbs by matching up the verb pieces.

1. poner (ella): _____
2. hacer (yo): _____
3. traer (yo): _____
4. hacer (tú): _____
5. saber (yo): _____

6. poner (yo): _____
7. salir (yo): _____
8. traer (tú): _____
9. saber (usted): _____
10. ver (yo): _____

C Complete the following sentences with the correct form of **saber** or **salir**.

1. Usted _____ algo de biología.
2. Francisco y yo _____ del cine a las tres.
3. Beatriz, tú _____ mucho de química.
4. Yo _____ poco de matemáticas.
5. Juan y Rodolfo _____ del colegio a las dos.

D Use the words in parentheses to answer the questions in complete sentences.

MODELO ¿Cuándo pones la radio? (por la mañana)
Pongo la radio por la mañana.

1. ¿Cuánto sabes de matemáticas? (mucho)

_____

2. ¿Cuándo haces la tarea? (por la noche)

_____

3. ¿Cuándo ves televisión? (los fines de semana)

_____

4. ¿A qué hora sales del colegio? (a las tres)

_____

58

The Verb *Ser*

TEMA
9

REPASO DE GRAMÁTICA

▶ **Ser** is one of the verbs that mean *to be*. Its present tense forms are irregular.

yo	**soy**	nosotros(as)	**somos**
tú	**eres**	vosotros(as)	**sois**
él, ella, usted	**es**	ellos, ellas, ustedes	**son**

▶ Here are some common uses of the verb **ser**.

• To identify someone or to tell someone's profession
Mateo **es** mi hermano. La señora Garza **es** profesora.

Es una profesora excelente. ◀ ⎯ Use an article before a profession if there is something after it that describes it.

• With the preposition **de**, to tell where someone is from
Susana **es** de San Antonio, pero sus padres **son** de México.

• With adjectives, to describe what someone or something is like
Julia **es** alta, bonita y graciosa, pero no **es** traviesa.
El libro **es** bastante interesante.

• To tell the day, date, and time
Hoy **es** martes.   **Es** la una y diez de la tarde.
Mañana **es** el doce de abril.   **Son** las seis y media de la mañana.

• To give phone numbers or e-mail addresses
—¿Cuál **es** tu teléfono?   —¿Cuál **es** tu correo electrónico?
—**Es** 2-38-02-08.   —**Es** logo@red.ar.hrw.com.

Actividades

A Complete Maribel's statements by matching elements from the two columns.

_____ 1. Hola. Yo...

_____ 2. Y ella...

_____ 3. Nosotras...

_____ 4. Y tú, ¿de dónde...

_____ 5. Y vosotros, ¿de dónde...

_____ 6. Jorge y Carlos...

_____ 7. Juan, ¿cuál...

_____ 8. Carla, ¿qué hora...

_____ 9. No, Carla, no es la una; ...

a. son de España.
b. somos de México.
c. eres?
d. sois?
e. es mi amiga Carla.
f. soy Maribel Gómez.
g. es?
h. son las dos.
i. es tu teléfono?

---

(59)

REPASO DE GRAMÁTICA

B Use the correct forms of **ser** to complete Elena's e-mail about the Spanish Club.

Hola, Alberto. Yo (**1**)_____ Elena Belos. En el club de español nosotros

(**2**)_____ siete estudiantes. Édgar y Chico (**3**)_____ de

Colombia. Mi amiga Lucía (**4**)_____ de Puerto Rico. Tú (**5**)_____

de Bolivia, ¿no? Las reuniones del club (**6**) _____ los martes a la una.

Debes venir.

C Use the correct form of **ser** and the words in parentheses to write sentences describing each of the people in the pictures.

MODELO tú (simpático/antipático)
>   **Tú eres simpático. No eres antipático.**

  tú   yo   el Sr. Varela   Linda y Omar

1. yo (gracioso/serio)

_____

2. el señor Varela (trabajador/perezoso)

_____

3. Linda (baja/alta)

_____

4. Omar (bajo/alto)

_____

D Use the cues in parentheses to answer your new classmate's questions.

1. ¿De dónde eres? (Perú)

_____

2. ¿Cuál es tu teléfono? (5-55-25-44)

_____

3. ¿Qué hora es? (2:30)

_____

(**60**)

The Verb *Estar*

▶ **Estar** is one of the verbs that mean *to be*. Its present tense forms are irregular.

yo	**estoy**	nosotros(as)	**estamos**
tú	**estás**	vosotros(as)	**estáis**
él/ella/usted	**está**	ellos/ellas/ustedes	**están**

▶ Here are some common uses of the verb **estar**.

• To talk about how someone is feeling
—¿Cómo **estás**?—**Estoy** mal, porque tengo un examen.

• To tell where people and things are located
El libro **está** en la mesa.
Los estudiantes **están** en el gimnasio.
Julia y yo no **estamos** en casa.

• With certain prepositions, to tell where someone or something is in relation to someone or something else

detrás de	*behind*	al lado de	*next to*
cerca de	*close to, near*	delante de	*in front of*
debajo de	*underneath*	encima de	*on top of, above*
lejos de	*far from*		

La casa de la señora López **está** <u>al lado de</u> nuestra casa.
El gato **está** <u>debajo de</u> la mesa.

Actividades

A Complete each sentence with the correct form of the verb **estar**. Some may be used more than once.

está	estás	estoy	están	estáis	estamos

1. El libro _____ debajo de la cama.
2. Los amigos de Celia _____ en la clase de arte.
3. Inés y yo _____ cerca del cine Azul.
4. ¿Vosotras _____ bien hoy?
5. Yo _____ detrás de un muchacho muy alto.
6. ¿Tú _____ lejos de mi casa?
7. Los profesores _____ en el auditorio.
8. El centro comercial _____ en las afueras de la ciudad.

B Complete the conversation between Cristina and her cousin using the correct forms of **estar.**

—Cristina, ¿dónde (**1**) _____ ?

—Yo (**2**) _____ en el patio.

—¿Dónde (**3**) _____ tu hermano Juan?

—Él (**4**) _____ en el garaje.

—¿Ustedes siempre (**5**) _____ en la casa por la tarde?

—Sí, Juan y yo siempre (**6**) _____ en la casa a las cinco.

C Tell where things are located in the pictures by choosing the correct words in parentheses.

1. Mis amigos y yo _____
   (están/estamos) _____
   (en el/al lado del) sofá.

2. El perro y el gato _____
   (estamos/están) _____
   (lejos de/encima de) nosotros.

3. Los libros _____
   (estamos/están) _____
   (encima de/al lado de) los cuadernos.

4. Los libros _____ (están/estás)
   _____ (encima del/lejos del)
   escritorio.

5. Los pósters _____ (está/están)
   _____ (lejos del/cerca del)
   escritorio.

6. La silla _____ (está/estás)
   _____ (delante del/lejos del)
   escritorio.

(62)

Gustar, Tocar, and Parecer

▶ Use the verb **gustar** to tell what people like and don't like. If what follows gustar is singular or an infinitive, use **gusta**. If what follows is plural, use **gustan**.

(a mí)	**me**
(a ti)	**te**
(a usted, él, ella)	**le**
(a nosotros)	**nos**
(a vosotros)	**os**
(a ustedes, ellos, ellas)	**les**

gusta + singular noun / infinitive

gustan + plural noun

Me gusta el fútbol.   **Me gustan** los deportes.
Me gusta bailar.   **Me gusta** correr y nadar.

▶ To clarify or emphasize who likes something, use **a** followed by a pronoun or the person's name.
A Ramón le gusta la pizza, pero **a mí** me gustan las hamburguesas.

▶ To ask who likes something, use **a quién** or **a quiénes**.
—¿**A quién** le gusta la pizza?   —A Ramón le gusta la pizza.

▶ Use the verb **tocar** followed by an infinitive to say what your duties are or whose turn it is to do something. **Tocar** may be used like **gustar**.
A mí siempre **me toca** sacar la basura.   A Lupe **le toca** cocinar hoy.

▶ Use the verb **parecer** followed by an adjective to ask for and give opinions.
Me parecen aburridos los quehaceres.   ¿**Te parece** injusto?

Actividades

A Circle the noun or infinitive that follows **gustar** in each sentence. Then indicate whether it is singular (S), plural (P), or an infinitive (I).

	S	P	I
1. A Benito le gusta navegar por Internet.			
2. ¿Te gusta la comida italiana?			
3. No me gustan las verduras.			
4. ¿Os gusta escuchar música?			
5. A Elisa le gustan los videojuegos.			
6. A nadie le gusta hacer la tarea.			
7. Les gusta el helado.			
8. Nos gusta ver televisión.			

REPASO DE GRAMÁTICA

B Complete the sentences by combining the pronouns and verbs below.

me	nos
te	os
le	les

toca	bailar	limpiar
gusta	leer	lavar

MODELO **A ti <u>te toca lavar</u> la ropa hoy.**

1. A vosotros _____ libros de aventuras.

2. A Rocío _____ el cuarto de baño.

3. A ustedes _____ en las fiestas.

4. A nosotros _____ los platos.

5. A mí _____ revistas de turismo.

C Alberto has to do all the chores today. His sisters get to have all the fun. Tell whose turn it is to do what.

MODELO limpiar el baño **Le toca a Alberto.**
jugar en el jardín **Les toca a sus hermanas.**

1. lavar los platos _____

2. hacer la cama _____

3. descansar _____

4. ver televisión _____

D Write a sentence using **parecer** and one of the adjectives in parentheses to tell what you think of the following things.

MODELO hacer los quehaceres (divertido/aburrido)
Me parece aburrido.

1. ir al colegio (interesante/aburrido)

_____

2. los exámenes de español (fascinantes/difíciles)

_____

3. jugar al básquetbol (fácil/difícil)

_____

4. ver televisión (fenomenal/terrible)

_____

64

The Verb *Tener*

▶ Use the verb **tener** to tell what someone has.

yo	**tengo**	nosotros(as)	**tenemos**
tú	**tienes**	vosotros(as)	**tenéis**
él/ella/usted	**tiene**	ellos(as)/ustedes	**tienen**

Rogelio **tiene** muchos amigos.   Vosotros **tenéis** un coche nuevo.

▶ **Tener** is also used in these expressions.

tener hambre	*to be hungry*	**tener prisa**	*to be in a hurry*
tener sed	*to be thirsty*	**tener... años**	*to be... years old*

Siempre **tengo** mucha **sed** después de correr.
Juan **tiene prisa** porque no quiere llegar tarde a clase.
Mi abuelo **tiene** 62 **años**.

▶ To say that you *feel like* doing something, use **tener ganas de + infinitive.**

▶ To say that you *have to* do something, use **tener que + infinitive.**
   Tengo ganas de ir al cine esta tarde, pero **tengo que** estudiar.

Actividades

A Match each picture to the correct expression with **tener.**

a.   b.   c.   d.

_____ **1.** ¡Tiene hambre!

_____ **2.** Tienen mucha sed.

_____ **3.** Tiene mucha prisa.

_____ **4.** Tiene un libro.

_____ **5.** No tiene ganas de hacer la tarea.

_____ **6.** No tienen agua.

_____ **7.** Tiene ganas de jugar al béisbol.

_____ **8.** Tiene algo de comer.

(65)

REPASO DE GRAMÁTICA

B Solve the crossword puzzle with the forms of **tener** you would use with the following subjects.

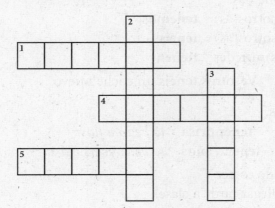

1. tú
2. Carmen y yo
3. usted
4. vosotros
5. yo

C Complete the dialog with the correct form of **tener (que)**.

Marina Antonio, ¿nosotros (1)_____ un examen el martes?

Antonio Sí, yo (2)_____ estudiar mucho.

Marina Yo no (3)_____ ganas de estudiar hoy.

Antonio ¿No? ¿Qué quieres hacer?

Marina Ni idea. Norma y yo (4)_____ una reunión del

club de francés a las cinco.

Antonio Oye, son las cinco menos diez, ¿no?

Marina ¡Ay no, la reunión! Adiós, Antonio. ¡(5)_____ irme!

D Alejo isn't going to have much fun this weekend. Use **tener ganas de** and **tener que** with these phrases to tell what he feels like doing and what he has to do.

MODELO (jugar al fútbol/limpiar el baño)
Tiene ganas de jugar al fútbol, pero tiene que limpiar el baño.

1. (leer una novela/lavar el coche)

_____

2. (escuchar música/hacer la tarea)

_____

3. (comer con sus amigos/limpiar el garaje)

_____

4. (ver videos/cortar el césped)

_____

66

Negation

▶ To make a sentence negative, put **no** before the verb and before any object
pronouns.

Martín **no** <u>lava</u> las ventanas.　　*Martín doesn't wash the windows.*
¿**No** <u>te gusta</u> la pizza?　　*You don't like pizza?*

▶ Other words can be used to make a sentence negative. If they go after the verb,
put **no** in front of the verb.

Tino **no** <u>va</u> a fiestas **nunca.**
Tino **nunca** <u>va</u> a fiestas. 　　*Tino **never** goes to parties.*

Eva **no** <u>va</u> a fiestas **tampoco.**
Eva **tampoco** <u>va</u> a fiestas. 　　*Eva doesn't go to parties **either.***

▶ Some words have a different English equivalent if they go after the verb.

Nada <u>es</u> imposible.　　***Nothing** is impossible.*
No <u>entiendo</u> **nada.**　　*I don't understand **anything.***

Nadie <u>es</u> aburrido.　　***Nobody** is boring.*
No <u>hay</u> **nadie** aquí.　　*There isn't **anybody** here.*

Actividades

A Choose the correct word in parentheses to complete each sentence. Then circle
the negative word or words in each sentence and underline the verbs.

1. Mis primos no van a la playa. Yo no voy a la playa (también/tampoco).

2. No quiero hacer (nada/nunca) hoy.

3. Mis padres, mis hermanos y yo tenemos el pelo castaño. (Siempre/Nadie) en
mi familia tiene el pelo rubio.

4. Cuando llueve y hace frío, mi perro no quiere salir. A mí (tampoco/nada) me
gusta salir cuando hace mal tiempo.

5. Siempre preparamos la cena en la cocina. (Nunca/Tampoco) cocinamos en el
patio.

6. Después de cenar, me toca lavar los platos. (Tampoco/Nadie) me ayuda.

B Escucha las oraciones y decide si son
ciertas o falsas según los dibujos.

1. ____ 4. ____

2. ____ 5. ____

3. ____ 6. ____

　（67）

REPASO DE GRAMÁTICA

C Restate each of the following sentences in a different way, using the word **no.**

    MODELO Nunca voy a la playa.
              No voy a la playa nunca.

   1. El gato nunca duerme debajo de la cama.

     _____

   2. Yo tampoco duermo debajo de la cama.

     _____

   3. Mi hermana nunca canta en el baño.

     _____

   4. Yo tampoco canto en el baño.

     _____

D Write a sentence to express the opposite of each statement below by changing the underlined part.

    MODELO Yo siempre corto el césped.
              Yo nunca corto el césped.

   1. Todos quieren hacer sus quehaceres hoy.

     _____

   2. El gato siempre come el almuerzo.

     _____

   3. Cora necesita algo para la casa.

     _____

   4. Todos saben inglés.

     _____

E Answer these questions using the words in parentheses.

    MODELO No me gusta hacer la cama. ¿Y a ti? (tampoco)
              A mí tampoco me gusta.

   1. A mí todo me parece difícil. ¿Y a ti? (nada)

     _____

   2. A mí siempre me toca sacar la basura. ¿Y a ti? (nunca)

     _____

   3. Mis hermanas y yo somos atléticas. ¿Y en tu familia? (nadie)

     _____

    68

Prepositions

REPASO DE GRAMÁTICA

> ▶ **Prepositions** are words that show the relationship of a noun or pronoun to another word. Some adverbs combine with prepositions to form phrases.
>
> | | | | | | |
> |---|---|---|---|---|---|
> | **con** | *with* | **a** | *to, toward* | **¿Adónde...?** | *Where...to?* |
> | **en** | *in, on* | **de** | *of, from* | **lejos de** | *far from* |
> | | | | | **cerca de** | *close to* |
>
> Mi amigo es **de** Buenos Aires. Buenos Aires está **en** Argentina.
> Por la tarde vuelvo **de** la escuela **a** mi casa.
> Vivo **cerca del** colegio, pero **lejos de** la casa de mi amiga.
> Voy **al** cine **con** mi amigo.
>
> ▶ Some pronouns have a different form when they come after prepositions.
> The preposition **con** combines with **mí** and **ti** to make **conmigo** and **contigo.**
>
> | | | | |
> |---|---|---|---|
> | yo | ➜ **mí (conmigo)** | nosotros(as) | ➜ **nosotros(as)** |
> | tú | ➜ **ti (contigo)** | vosotros(as) | ➜ **vosotros(as)** |
> | él, ella | ➜ **él, ella** | ellos, ellas | ➜ **ellos, ellas** |
> | usted | ➜ **usted** | ustedes | ➜ **ustedes** |
>
> Ramón vive **cerca de ti,** pero yo vivo **lejos de** ustedes.
> **A mí** me gustan los libros, pero **a él** le gustan las películas.
> Tú no quieres hablar **conmigo,** pero yo quiero hablar **contigo.**

Actividades

A Complete the dialogs with the answers in the word box.

_____ 1. —¿Quieres jugar al fútbol conmigo?

　　　—No, no quiero jugar...

_____ 2. —¿Vas a hablar con tu amiga?

　　　—No, no quiero hablar...

_____ 3. —¿Puedo ir al cine contigo?

　　　—Sí, puedes venir...

_____ 4. —Me gustan las hamburguesas. ¿Y a ti?

　　　—A...

_____ 5. —¿Dónde van a estudiar ustedes?

　　　—Vamos a estudiar...

_____ 6. —Compraron una casa cerca de aquí, ¿no?

　　　—Sí. Vamos a estar muy cerca de...

a. conmigo.
b. mí no.
c. con ella.
d. en casa.
e. contigo hoy.
f. ustedes.

REPASO DE GRAMÁTICA

B For each sentence, circle the preposition and underline the noun or pronoun that comes after it.

1. Jabier es de España.

2. ¿Vienes con ellas?

3. Flavio no viene a mi casa.

4. Amelia vive cerca de ti.

5. ¿Por qué no estáis en clase?

6. México está lejos de Argentina.

C Fill in the blanks with prepositions from the list to complete the dialog.

en	con	a	lejos de	de

—¿Adónde vas?

—Voy (**1**)_____ la casa de José.

—Ah, ¿sí? ¿Vas a estudiar (**2**)_____ él?

—Sí, vamos a estudiar español. José es (**3**)_____ Honduras.

—¿Quieren venir (**4**)_____ mi casa después de estudiar?

—No, no tenemos tiempo. Tu casa está muy (**5**)_____ la casa de José.

D Use the words in parentheses to tell where you are going to go and what you are going to do there.

MODELO (el colegio/estudiar) **Voy al colegio a estudiar.**

1. (el parque/pasear) _____

2. (la piscina/nadar) _____

3. (la cafetería/comer) _____

4. (las fiestas/bailar) _____

E You and your classmates are busy with your friends. Use the cues below to say what each one likes to do and with whom.

MODELO él/correr/ellos
        A él le gusta correr con ellos.

1. yo/ver televisión/tú

_____

2. ella/alquilar videos/ustedes

_____

3. tú/ir al cine/yo

Verbs Followed by Infinitives

TEMA 15

REPASO DE GRAMÁTICA

▶ You can use certain verbs in the present tense followed by infinitives to say what someone *is going to do, wants to do,* or *has to do.*

▶ Use the present tense of **ir** with **a** followed by an infinitive to say what someone *is* or *isn't going to do.*

    —¿**Vas** a limpiar la casa?   —No, **voy** a dormir.
    —*Are you going to clean the house?*   —*No, I'm going to sleep.*

▶ Use the present tense of **querer** followed by an infinitive to say what someone *wants to do* or *doesn't want to do.*

    —¿Qué **quieres** hacer esta noche?   —**Quiero** leer un libro.
    —*What do you want to do tonight?*   —*I want to read a book.*

▶ Use the present tense of **tener** with **ganas de** followed by an **infinitive** to say what someone *does* or *doesn't feel like doing.*

    Tengo ganas de ver una película.   *I feel like watching a movie.*

▶ Use the present tense of **tener** with **que** followed by an **infinitive** to say what someone *has to do* or *doesn't have to do.*

    Tengo que ir de compras hoy.   *I have to go shopping today.*

▶ Use **el** before a day of the week with expressions like these.

    ¿Que vas a hacer **el** sábado?   *What are you doing on Saturday?*

Actividades

A Circle the subject, if it is given, and underline the form of **ir a** + **infinitive** in the following sentences.

    1. Vamos a tener un examen mañana.

    2. ¿Cuándo van a estudiar ustedes?

    3. Después de clases, vamos a practicar deportes.

    4. Primero voy a nadar en la piscina.

    5. Mi hermana va a montar en bicicleta.

B Say whether Roberto and Nora are talking about **a)** plans for the weekend or **b)** things they do every weekend.

    1. ____   2. ____   3. ____   4. ____

    5. ____   6. ____   7. ____   8. ____

REPASO DE GRAMÁTICA

C Complete the sentences with the correct form of **querer** or **tener**.

1. Marta y yo _____ comer.

2. Yo _____ ganas de salir.

3. Pablo _____ que hacer la tarea.

4. ¿Tú _____ ir al centro comercial?

5. ¿Vosotros _____ jugar al tenis?

D Use the drawings and the expressions from the box to tell what these students are going to do this afternoon.

estudiar en la biblioteca	**jugar al básquetbol**	**ir a un concierto**
comer en la cafetería	**presentar un examen**	**hacer la tarea**

    Modelo   **1.**   **2.**   **3.**   **4.**

MODELO Tú vas a hacer la tarea.

1. Néstor _____

2. Las muchachas _____

3. Ustedes _____

4. Nosotros _____

E Write what you, your parents, or your professor would say using **tener ganas de** or **tener que.**

MODELO limpiar el baño
          Tú: **No tengo ganas de limpiar el baño.**
          Tus padres: **Tienes que limpiar el baño.**

1. presentar un examen

   Tú: _____

   Tu profesor: _____

2. cortar el césped

   Tú: _____

   Tus padres: _____

  (**72**)

La comida

Lalo prefiere desayunar cereales con leche. No quiere…

huevos con tocino y pan tostado

jugo de naranja y un vaso de leche

frutas

A Luis le gusta almorzar…

un sándwich de jamón con queso y tomate. No come sándwiches de atún.

con un vaso de agua.

¿Qué vamos a pedir hoy de cena?

Prefiero una hamburguesa con papas fritas y una ensalada de verduras.

Aquí preparan muy bien el pescado con verduras.

Voy a probar el plato de arroz con pollo y para tomar, tres refrescos.

De postre, queremos pastel con helado.

Más vocabulario

la carne   la pizza   el café   el chocolate

La sopa está… rica/riquísima/fría/caliente/salada/picante

REPASO DE VOCABULARIO

Actividades

A Con base en cada comentario, indica si prepáran bien o mal la comida.

_____ **1.** la sopa   _____ **5.** el sándwich de atún

_____ **2.** las hamburguesas   _____ **6.** las papas fritas

_____ **3.** el sándwich de jamón   _____ **7.** la sopa de verduras

_____ **4.** la ensalada   _____ **8.** el helado

B Match the food items to the description below.

    a.   **b.**   **c.**   **d.**

_____ **1.** un sándwich de queso   _____ **3.** una sopa riquísima

_____ **2.** papas fritas   _____ **4.** jugo de naranja

C Complete the sentences with the most logical answer.

naranja	leche	huevos	pollo	pastel

1. Voy a pedir el plato de arroz con _____.

2. Yo siempre desayuno cereales con _____.

3. Prefiero el jugo de _____.

4. A mi papá le gusta comer tocino y dos _____.

5. De postre queremos café y _____.

D Write the foods Raúl and René are most likely to have for lunch.

sándwich de queso pescado con verduras	sándwich de jamón arroz con pollo	ensalada de frutas sopa de verduras

1. Raúl siempre come carne.	**2. René nunca come carne.**

   74

La rutina diaria

Por la mañana...

me despierto
y me
levanto.

me quito el
piyama y me
baño. Después
de bañarme,
me seco con
la toalla.

me lavo los
dientes y
me afeito.
Tengo que
peinarme.

me visto. No
puedo pon-
erme pan-
talones
cortos para
ir a clases.

Luego, voy a
la cocina y
desayuno.

¡Estoy listo!
Salgo de la
casa y voy
a mis
clases.

Más vocabulario

maquillarse	el maquillaje	el cepillo de dientes
la pasta de dientes	el peine	el jabón

Actividades

A Javier's morning schedule is completely out of order. Put the events in the order
in which each is most likely to happen, starting with the letter **a.**

_____ **1.** bañarme y secarme

_____ **2.** vestirme

_____ **3.** despertarme temprano

_____ **4.** lavarme los dientes y salir para el colegio

_____ **5.** quitarme el piyama

REPASO DE VOCABULARIO

B Escucha las siguientes oraciones. Pon lo qué hace Manuel en orden, usando
números de uno a cinco.

_____ Manuel y se lava los dientes y se pone el piyama.

_____ Manuel se acuesta temprano.

__1__ Manuel hace la tarea.

_____ Manuel se baña.

_____ Manuel se levanta a las 6:30.

C Read each statement and write **sí** if it is logical, and **no** if it is not.

1. Primero voy a acostarme y luego voy a ponerme el piyama. _____

2. Antes de bañarme voy a quitarme la ropa. _____

3. Primero voy a ponerme los zapatos y después voy a bañarme. _____

4. Después de maquillarme, voy a lavarme la cara. _____

D For each of the items below, say what Ana is going to do with it.

Modelo   **1.**   **2.**   **3.**

MODELO **Voy a lavarme los dientes con el cepillo de dientes.**

1. _____

2. _____

3. _____

E For each pair of things below, write a sentence to say which you have to do first.

MODELO entrenarme / estirarme **Tengo que estirarme antes de entrenarme.**

1. maquillarme / lavarme la cara _____

_____

2. despertarme / levantarme _____

_____

3. ponerme el piyama / quitarme la ropa _____

_____

76

Cuerpo sano

Para mantenerte en forma, puedes ir al gimnasio o al parque y...

hacer
ejercicio

nadar en la
piscina

levantar
pesas

Más vocabulario
hacer yoga
practicar deportes

nadar en
el lago

estirarte
después de
caminar

montar en
bicicleta

correr y
entrenarte

Actividades

A Fill out the chart based on the pictures above.
Alguien está...

	en el gimnasio	en el parque
1. nadando		
2. montando en bicicleta		
3. levantando pesas		
4. corriendo		
5. estirándose		

REPASO DE VOCABULARIO

B Escucha la conversación entre Juan y Laura sobre los planes de ella para el
sábado. Luego completa las oraciones con las palabras correctas.

   1. Laura va a (entrenarse/correr) el sábado por la mañana.

   2. Para mantenerse en forma, Laura (monta en bicicleta/ levanta pesas).

   3. Casi siempre (hace yoga/hace ejercicio) en casa los sábados por la mañana.

   4. Laura va a (nadar/levantar pesas) en el gimnasio este sábado.

   5. Después de (hacer ejercicio/practicar deportes), Laura almuerza.

C Read the article about the benefits of being fit. Then, for each of the statements
that follow write **a)** for **cierto** or **b)** for **falso**.

> **El ejercicio, la mente y la vida:** Hoy es muy importante hacer ejercicio.
> No debes mantenerte en forma simplemente para estar guapo. Para
> estudiar y trabajar mejor, debes entrenarte y relajarte. Las personas
> necesitan hacer ejercicio y levantar pesas para entrenarse bien. Es
> importante estirarse antes de hacer ejercicio. Las personas que levantan
> pesas normalmente viven más años.

   _____ **1.** Un muchacho debe hacer ejercicio sólo *(only)* para estar guapo.

   _____ **2.** Es malo hacer ejercicio y levantar pesas.

   _____ **3.** Es importante estirarse antes de hacer ejercicio.

   _____ **4.** Las personas que levantan pesas no se entrenan.

   _____ **5.** Levantar pesas puede ayudar a vivir más años.

D Write what the following people do to stay in shape.

   Modelo tú   **1.** Ramón   **2.** Elías   **3.** Rosa

MODELO Tú sales a pasear con el perro.

   1. Ramón _____ .

   2. Elías _____ .

   3. Rosa _____ .

(78)

Mente sana

Para cuidarte la salud debes…

…descansar y dormir lo suficiente.

…hacer yoga y relajarte.

…seguir una dieta sana.

…hacer ejercicio y bajar de peso.

¿Cómo se sienten?

Te veo mal. Para cuidarte mejor debes acostarte más temprano.

Necesitas buscar otros pasatiempos. No debes ver demasiada televisión. Tampoco debes comer tanto dulce ni grasa.

Más vocabulario
estar…

contento	aburrido
cansado	nervioso
triste	enfermo
enojado	

Puente: Customized Level 1 Review

REPASO DE VOCABULARIO

Actividades

A Match the description and advice to the correct drawing.

  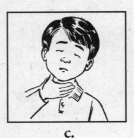 

　　　　a.　　　　　　　　b.　　　　　　　　c.　　　　　　　　d.

_____ **1.** Marcelo está nervioso. Necesita hacer yoga y relajarse.

_____ **2.** Mario está cansado. Necesita acostarse más
　　　　temprano y dormir lo suficiente.

_____ **3.** ¿Están aburridos? Necesitan buscar otros
　　　　pasatiempos.

_____ **4.** Te veo mal. Tienes que descansar y tomar
　　　　mucha agua.

B Chosse the description that matches each situation.

_____ **1.** Berta tiene un examen hoy.

_____ **2.** Alí no quiere hacer nada.

_____ **3.** Manuel está muy bien.

_____ **4.** Mi mejor amigo está lejos de aquí.

_____ **5.** Elena no duerme lo suficiente.

> **a.** Está cansada.
> **b.** Está nerviosa.
> **c.** Está aburrido.
> **d.** Estoy triste.
> **e.** Está contento.

C Write what you should do and shouldn't do to take care of yourself.

ver demasiada televisión	dormir lo suficiente	hacer yoga
acostarte muy tarde	hacer ejercicio	comer mucha grasa
comer tanto dulce	seguir una dieta sana	

1. Para cuidarte mejor, debes...	2. No debes...

　（80）

TEMA
17

¿Cómo te sientes?

REPASO DE VOCABULARIO

¿Qué te pasa? ¿Te duele algo?

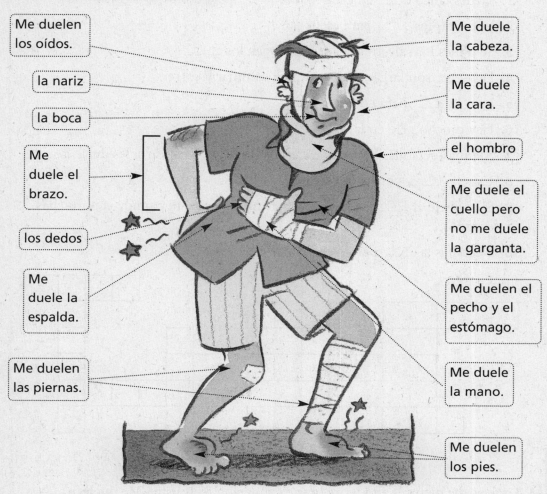

Me duelen los oídos.

la nariz

la boca

Me duele el brazo.

los dedos

Me duele la espalda.

Me duelen las piernas.

Me duele la cabeza.

Me duele la cara.

el hombro

Me duele el cuello pero no me duele la garganta.

Me duelen el pecho y el estómago.

Me duele la mano.

Me duelen los pies.

Actividades

A Put each body part in order from top to bottom, starting with one.

_____ el estómago   _____ el pie   _____ la boca

_____ el cuello   _____ el oído   _____ la pierna

B Choose the parts of the body most used for the following activities.

1. correr:	piernas	cuello	pies	oídos
2. comer:	espalda	estómago	boca	piernas
3. hablar:	pecho	brazos	hombros	boca
4. escribir:	manos	nariz	dedos	cara

(81)

C Use the clues to fill in the puzzle below with the parts of the body.

1. Tienes cinco _____ en cada mano.

2. Necesitas los _____ para escuchar.

3. Te pones los calcetines y los zapatos en los _____.

4. Las _____ son largas y las usas para caminar y correr.

5. Usas la _____ para comer y hablar.

6. Hay mucho pelo en la _____.

7. Algunas personas beben té caliente o toman un batido si les duele la _____.

8. Usas las _____ para tocar el piano y escribir.

9. Si te duele el _____ no debes comer mucha grasa ni comida con muchas especias.

10. Necesitas la _____ para oler (to smell).

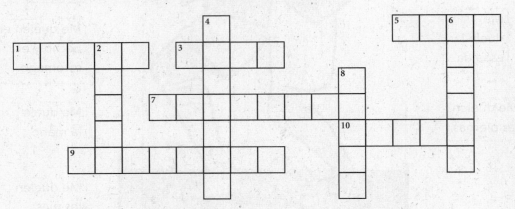

D Look at the pictures and write how each person feels using **Me duele(n)...**

1.   2.   3.   4.

1. _____

2. _____

3. _____

4. _____

82

La ropa

REPASO DE VOCABULARIO

En la tienda de ropa

un vestido elegante

los pantalones cortos

los pantalones vaqueros

las chaquetas

las camisetas

el saco

las faldas

el suéter

$3.50

$15.00

$30.00

$10.00

Chaquetas de cuero $250.00

$40.00

¿Qué ropa llevan?

PARA HOMBRES   PARA MUJERES

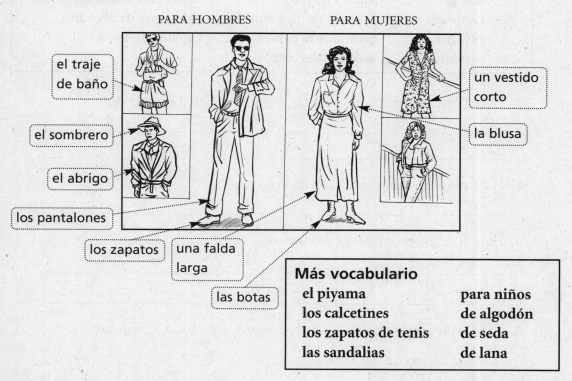

el traje de baño

el sombrero

el abrigo

los pantalones

los zapatos

una falda larga

las botas

un vestido corto

la blusa

Más vocabulario

el piyama	para niños
los calcetines	de algodón
los zapatos de tenis	de seda
las sandalias	de lana

(83)

REPASO DE VOCABULARIO

Actividades

A Escucha las oraciones. Escoge el precio que corresponde a cada cosa.

_____ 1. la camiseta

_____ 2. el abrigo

_____ 3. la camisa

_____ 4. el saco

_____ 5. las sandalias

a. $84.00
b. $273.00
c. $132.00
d. $57.00
e. $104.00

B Match each outfit to the person most likely to be wearing it.

_____ 1. Andrea sale al cine con amigos.

_____ 2. La señora González va a nadar.

_____ 3. Andrés necesita hacer ejercicio.

_____ 4. El señor González tiene que trabajar.

_____ 5. La abuela sale al teatro.

a. un saco, pantalones, zapatos
b. pantalones cortos, una camiseta
c. un traje de baño azul
d. un vestido de seda
e. pantalones vaqueros, una blusa

C Choose what people need to wear for each situation.

abrigo	suéter de lana	calcetines de lana
camiseta	vestido de algodón	calcetines de algodón
piyama	pantalones cortos	zapatos de tenis
sandalias	pantalones largos	

1. Hace buen tiempo. Para practicar deportes, Miguel se viste con

_____ , _____ ,

_____ y _____ .

2. Hace calor. La señorita Chávez se viste con

_____ y _____ .

3. Hace frío. El señor Gómez se viste con _____ ,

_____ , _____ ,

_____ y _____ .

4. Son las diez de la noche. Antes de acostarse, Manuela se viste con

_____ .

¿Cómo me queda?

¡Qué cara la ropa! Pero está a la última moda.

—¿Cómo me queda el saco?
—Le queda un poco grande. Necesita una talla más pequeña.

Me gustaría comprar una chaqueta.

—¿A qué hora cierra la tienda?
—Cierra a las seis y media.

—Los pantalones son una ganga, ¿verdad? ¡Cuestan cinco dólares!
—Tienes razón. Son muy baratos y te quedan bien.

—El saco y los pantalones me quedan mal. Necesito de otra talla.
—Aquí tiene un saco más grande, pero no tenemos los pantalones en otra talla.

¿Qué te parece(n)... ?

—¿En qué le puedo servir?
—Quiero devolver esta blusa. La necesito en otro color.

—¿En qué le puedo servir?
—Busco unos zapatos.
—¿Qué número usa?
—Uso el 42.

Las botas me parecen feas y cuestan mucho. ¡Es un robo! Además, están pasadas de moda. Los pantalones no me quedan nada bien. Tampoco me gusta la camisa.

REPASO DE VOCABULARIO

Actividades

A Escucha mientras varias personas hablan de ropa en una tienda. Para cada comentario, indica si el artículo de ropa **a)** le queda bien o **b)** le queda mal a la persona.

1. _____   2. _____   3. _____   4. _____   5. _____   6. _____

B For each statement, mark the appropriate answer with an "X".

	¡Es una ganga!	Es un robo!
1. un saco que cuesta $10		
2. una camiseta que cuesta $324		
3. unos pantalones que cuestan $12		
4. un vestido que cuesta $775		
5. una camisa que cuesta $295		

C Tell whether it is the clerk or Osvaldo, the client, who is asking the questions.

	Osvaldo	el dependiente
1. ¿En qué le puedo servir?		
2. ¿A qué hora cierra la tienda?		
3. ¿Qué talla usa?		
4. ¿Tiene pantalones de talla grande para hombres?		
5. ¿Cómo me queda el saco?		

D Choose the logical replies for each question or statement.

_____ 1. ¿En qué le puedo servir?
   a. Busco una chaqueta.   **b.** Están pasados de moda.

_____ 2. ¿Qué talla usa?
   a. Tengo diez dólares.   **b.** Uso la diez.

_____ 3. ¿Qué le parece la chaqueta gris?
   a. Nada más estoy mirando.   **b.** Bien. También busco una camisa.

_____ 4. ¿Cómo le queda la camisa?
   a. Necesito una talla más grande.   **b.** Tienes razón. Es barata.

_____ 5. La chaqueta, los pantalones y la camisa cuestan ciento veinte dólares.
   a. Cierra a las ocho.   **b.** Es una ganga.

(**86**)

Las tiendas

En el centro comercial venden de todo.

Vamos a mirar las vitrinas de las tiendas de ropa.

En la zapatería venden zapatos de tenis, sandalias y botas.

También venden ropa y zapatos en el almacén.

En la tienda de música podemos escuchar discos compactos por los audífonos.

—¿Por qué van a la juguetería?
—Para jugar con los juguetes, por supuesto.

En la librería hay libros, revistas de tiras cómicas y tarjetas (de cumpleaños).

No vamos a la plaza de comida. Perferimos ir a la heladería a tomar un batido.

¡Gangas en la joyería!

El muchacho necesita comprar un reloj.

los relojes

los aretes

las pulseras

los anillos

REPASO DE VOCABULARIO

Actividades

A Use the pictures to complete the sentences.

   1.   **2.**   **3.**   **4.**   **5.**

1. Fui a la plaza de comida a tomar un _____.

2. Compré unos _____ para mi hermana menor.

3. En la librería compré unas _____.

4. Compré una _____ para mi madre en la joyería.

5. Encontré el _____ nuevo de Thalía.

B Escucha las conversaciones y determina dónde tiene lugar *(takes place)*
cada una.

| tienda de ropa | plaza de comida | almacén | zapatería |
| tienda de música | heladería | librería | joyería |

1. _____ 5. _____

2. _____ 6. _____

3. _____ 7. _____

4. _____ 8. _____

C Juana is learning Spanish. Read her statements and write **a)** for **cierto** or **b)** for
falso. Change the underlined words if the statements are false.

_____ **1.** Voy a <u>la librería</u> a comprar un anillo.

_____

_____ **2.** Puedes comprar botas en <u>la zapatería</u>.

_____

_____ **3.** Puedo escuchar discos compactos en <u>la tienda de música</u>.

_____

_____ **4.** En <u>la juguetería</u> venden de todo.

_____

88

¡A celebrar!

—¿Qué hace tu familia para Navidad?
—Primero vamos a la misa de Nochebuena y después abrimos regalos.

—¿Qué vas a hacer el Día de la Independencia?
—Voy a ver los fuegos artificiales en el parque.

—¿Qué planes tienes para el Día de Acción de Gracias?
—Reunirme con la familia. Siempre pasamos los días festivos con nuestros padres.

—¿Qué haces para el Día de la Madre?
—Le regalo flores a mi mamá, como siempre.
—¿Y para el Día del Padre?
—Tenemos un picnic.

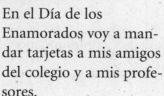

En el Día de los Enamorados voy a mandar tarjetas a mis amigos del colegio y a mis profesores.

—¿Qué tal estuvo la fiesta de Año Nuevo?
—Estuvo divertida. Mis amigos y yo celebramos la Nochevieja bailando y cantando.

Más vocabulario

la Semana Santa	ir a la sinagoga/	festejar
el Hanukah	al templo	invitar
la graduación	tu cumpleaños/ el	hacer los preparativos
la boda	día de tu santo	el aniversario

89

REPASO DE VOCABULARIO

Actividades

A Escucha las siguientes oraciones y contesta las preguntas.

1. ¿Qué hicieron tus padres el Día de los Enamorados? _____

2. ¿Qué hace tu familia para Navidad? _____

3. ¿Qué hace tu familia para el Día de Acción de Gracias? _____

4. ¿Qué hicieron tu familia y tú para el cuatro de julio? _____

5. ¿Qué recibes para el Día de los Enamorados? _____

B Tell what people normally do on these occasions.

	Año Nuevo	Un aniversario de 50 años	Navidad
abrir regalos			X
mandar tarjetas			
ver fuegos artificiales			
ir a una fiesta			
reunirse con la familia			

C Using the cues provided, tell what Luis did for the holidays.

MODELO ir a casa de…, ir a la sinagoga, cenar
En el Hanukah fuimos a la casa de mis tíos.
Primero fuimos a la sinagoga y después cenamos.

1. ir a la casa de…comer mucho, jugar al…

_____

_____

2. festejar con una cena romántica, regalar…

_____

_____

(90)

De viaje

Antes de comenzar un viaje…

(por tren/ en avión/ en autobús) debes comprar el boleto,
conseguir el pasaporte y hacer la maleta.

Más vocabulario
el mostrador
la llegada
la salida
la billetera

En el aeropuerto…

Hay que facturar el equipaje y recoger la tarjeta de embarque.

Hay que hacer cola para pasar por el control de seguridad.

Los pasajeros se sientan en la sala de espera antes de abordar el avión.

Después de desembarcar debes recoger las maletas.

En la aduana necesitan ver tu pasaporte y tu carnet de identidad.

Puedes cambiar y sacar dinero de un cajero automático.

Aquí puedes pedir información y conseguir un mapa.

REPASO DE VOCABULARIO

Actividades

A Hernán is flying to Italy. Decide whether each sentence tells what he does before getting on the plane or after getting off, and mark the appropriate column.

	antes de abordar	después de desembarcar
1. Factura el equipaje.		
2. Recoge la tarjeta de embarque.		
3. Pasa por la aduana.		
4. Va al reclamo de equipaje.		
5. Se sienta en la sala de espera.		

B Escucha las siguientes oraciones y di si las cosas suceden o sucedieron **a)** antes del día del viaje o **b)** el día del viaje.

1. _____   **3.** _____   **5.** _____   **7.** _____

2. _____   **4.** _____   **6.** _____   **8.** _____

C Write what the people in the pictures are doing.

Modelo Luis   **1.** La familia Sosa   **2.** Ana   **3.** Ana

MODELO Luis está haciendo la maleta.

1. _____

_____

2. _____

_____

3. _____

_____

(92)

Las vacaciones

¿Qué van a hacer durante las vacaciones?

Miguel quiere tomar el sol en la playa.

Victoria quiere recorrer la ciudad y sacar muchas fotos.

Silvia quiere pasear en bote de vela en el lago.

Estela quiere pasear en canoa en el lago con su amiga.

Puedes quedarte en un hotel en el centro y conocer los museos.

Si conoces a alguien que tiene una lancha, puedes esquiar en el agua.

Puedes ir de excursión, subir a la montaña y acampar.

Para relajarte, puedes ir de pesca al campo y descansar.

¡Qué bien!
¡Qué fantástico!
¡Fue estupendo!
¡Ah, tuviste suerte!

¡Qué lástima!
¡Qué mala suerte!

Más vocabulario

el zoológico	tomar…
el barco	el metro
viajar por tren	el autobús
ver las ruinas	un taxi

(93)

REPASO DE VOCABULARIO

Actividades

A Decide si los consejos que Enrique les da a sus amigos son lógicos o ilógicos.

1. _____ 3. _____ 5. _____ 7. _____

2. _____ 4. _____ 6. _____ 8. _____

B Match what each person likes to do with the appropriate picture.

a.   b.   c.   d.

_____ **1.** A Carmen le gusta esquiar en el agua.

_____ **2.** A Juan le gusta ir a museos y admirar el arte.

_____ **3.** A Celia le gusta recorrer la ciudad en autobús.

_____ **4.** A Diego le gusta ir de excursión y acampar.

C Choose the logical reaction to each statement.

_____ **1.** Llovió casi todos los días en Cancún.
   a. ¡Qué lástima!   **b.** ¡Qué bien!

_____ **2.** Un huracán (hurricane) pasó cerca pero no llegó a Cancún.
   a. ¡Qué lástima!   **b.** ¡Ah, tuviste suerte!

_____ **3.** El último día el sol salió y vimos las ruinas mayas.
   a. ¡Qué horrible!   **b.** ¡Qué fantástico!

_____ **4.** Por la noche fuimos a la playa a bailar.
   a. ¡Qué divertido!   **b.** ¡Qué mala suerte!

D List the types of transportation you would use.

1. Para recorrer la ciudad: _____, _____,

   _____

2. Para pasear en el lago: _____, _____

3. Para viajar de Puerto Rico a España: _____,

   _____

94

¿Qué necesitas?

—¿Me puede decir dónde
está el museo?
—Lo siento, no sé.
—Está en el centro.

—¿Dónde se puede con-
seguir un boleto de tren?
—No sé. ¿Por qué no pide
información en el hotel?

—¿Sabe usted dónde está
la oficina de correos?
—Sí, está a la vuelta.

—¿Qué desea
usted?
—Me gustaría
un sándwich y
una sopa.
—¿Algo más?
—Sí. Quisiera
una ensalada
también.

¿Estás listo?
¿Qué vas a
pedir?

¿Nos trae la
cuenta por
favor?

¿Me trae un
tenedor y una
servilleta?

—¿Necesitas
ayuda?
—Sí, ayúdame a
inflar los globos.

—¿Qué te parecen
las decoraciones?
—Se ven bien. ¿Te
ayudo a colgar los
globos?

—¿Qué te falta
hacer?
—Necesito com-
prar refrescos.
¿Quieres ir a la
tienda conmigo?

—¿A qué hora lle-
gan los invitados?
—A las seis. ¿Qué
tal si preparas el
ponche?

REPASO DE VOCABULARIO

Actividades

A Match what Alfredo would like his sister to do with the appropriate picture

a.　　　　　　b.　　　　　　c.　　　　　　d.

_____ 1. ¿Qué tal si sacas la basura?

_____ 2. ¿Por qué no haces la cama y arreglas tu habitación?

_____ 3. Necesitas cortar el césped.

_____ 4. Deja de hablar por teléfono y ayúdame a lavar los platos.

B Write what you would say in the following situations.

You are a customer at a restaurant. . .

1. You want to know if your friend is ready and what he is going to order.

_____

2. You are ready to go and ask the waiter for the bill.

_____

You are a waiter at a restaurant. . .

3. You start taking a coustomer's order and ask him what he would like.

_____

4. You've finished taking everyone's order, and you want to know if that's it.

_____

Your family is getting ready for a party. . .

5. You ask your sister to help you put up the decorations.

_____

6. You ask your dad if there is anything left to do.

_____

You have just moved to a different city. . .

7. You want to know where to find the post office.

_____

8. Someone asks you where the zoo is. You don't know.

_____

Present Tense: Stem-changing Verbs

TEMA
16

REPASO DE GRAMÁTICA

▸ Some verbs have changes to the vowels in their stems when they are conjugated. These are called **stem-changing verbs.** In the present tense, these changes happen in all except the **nosotros** and **vosotros** forms.

▸ Depending on the verb, the vowel changes from **e** to **ie,** from **o** to **ue,** from **u** to **ue,** or from **e** to **i.**

	empezar	dormir	jugar	servir
yo	emp**ie**zo	d**ue**rmo	j**ue**go	s**i**rvo
tú	emp**ie**zas	d**ue**rmes	j**ue**gas	s**i**rves
él	emp**ie**za	d**ue**rme	j**ue**ga	s**i**rve
nosotros(as)	empezamos	dormimos	jugamos	servimos
vosotros(as)	empezáis	dormís	jugáis	servís
ellos/ellas/ustedes	emp**ie**zan	d**ue**rmen	j**ue**gan	s**i**rven

▸ Here are some common stem-changing verbs.

e → ie	o → ue	e → i
calentar	acostarse	pedir
empezar	almorzar	servir
entender	costar	vestirse
merendar	dormir	
pensar	encontrar	

Actividades

A Choose the correct form of the verb to tell what happens in a restaurant.

_____ 1. Muchos clientes _____ al mediodía.
  a. almuerzo　　　　　**b.** almuerzan

_____ 2. Mi hermano _____ bistec con papas fritas.
  a. pide　　　　　　**b.** pedimos

_____ 3. Mi mamá y yo _____ arroz con pollo.
  a. pedimos　　　　　**b.** piden

_____ 4. Todos los platos _____ mucho.
  a. cuestan　　　　　**b.** costamos

_____ 5. Un gato _____ debajo de la mesa.
  a. dormís　　　　　**b.** duerme

_____ 6. Los camareros _____ la comida.
  a. sirven　　　　　**b.** sirvo

(97)

REPASO DE GRAMÁTICA

B Solve the following crossword puzzle by conjugating the verbs with the subjects indicated.

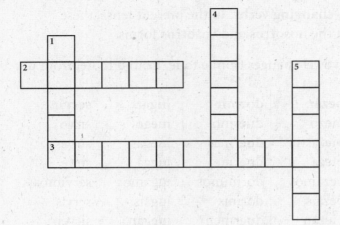

1. servir (Martín)

2. pensar (yo)

3. entender (tú y yo)

4. querer (ella)

5. costar (el coche)

C Use the correct forms of the verbs **preferir, poder, probar,** and **pedir** to complete Josefina's description of a typical evening at a restaurant with her little sister.

Yo (**1**) _____ no salir a los restaurantes con mi

hermanita. Ella (**2**) _____ ser terrible. Cuando

nosotros (**3**) _____ la comida, mi hermana sólo (*only*)

(**4**) _____ jugo y refrescos. Luego ella

(**5**)_____ mi comida y yo no (**6**) _____

comer en paz (*in peace*).

D Use the clues in parentheses to answer the questions about you and your friends.

MODELO ¿Dónde duermen ustedes si tienen sueño por la tarde? (el sofá)
   Dormimos en el sofá.

1. ¿A qué hora se acuestan por la noche? (las ocho)

_____

2. ¿Qué piden en un restaurante español? (tortilla de papas y gazpacho)

_____

3. ¿Qué piensan hacer esta noche? (ir al cine)

_____

4. ¿Prefieren estudiar en casa o en la biblioteca? (en casa)

_____

Ser and *Estar*

▶ **Ser** and **estar** both mean *to be* in Spanish. But they have different uses.

▶ Use a form of **ser**
  • to tell who someone is
  • with the preposition **de,** to tell where someone is from
  • with adjectives, to describe what someone or something is like
  • to tell the day, date, and time
  • to give phone numbers, addresses, and e-mail addresses
  • with adjectives, to tell what foods and drinks are normally like

  Mi amigo Juan **es** estudiante. **Es** de San Francisco. **Es** alto y moreno.
  Su teléfono **es** 5-55-12-23.
  Hoy **es** martes, el 25 de octubre. **Son** las ocho de la mañana.
  —¿Qué **es** el gazpacho?   —**Es** una sopa de tomates. **Es** muy rico.

▶ Use a form of **estar**
  • with **en** or another preposition, to tell where people and things are
  • with adjectives, to tell how someone is feeling
  • with adjectives, to tell how something looks, tastes, or feels at a particular
    moment

  Ahora Ramón **está** en Cozumel de vacaciones. **Está** muy contento porque
  le gusta la playa.
  —¿Cómo **está** la sopa?   —**Está** riquísima.

Actividades

A Circle the correct verb forms to complete the sentences.

  1. Alex _____ de Los Ángeles.   es   está

  2. Eduardo _____ estudiante.   es   está

  3. Mi mamá _____ muy cansada.   es   está

  4. _____ la una de la tarde   es   está

  5. Ese flan _____ riquísimo.   es   está

  6. Mi hermano _____ profesor.   es   está

  7. Mi teléfono _____ 555-9286.   es   está

REPASO DE GRAMÁTICA

B Circle the form of **ser** or **estar** in each sentence. Then indicate whether it describes a specific quality (S) or the general nature (G) of something.

	S	G
1. El gazpacho es una sopa fría de España.		
2. La sopa no está caliente.		
3. La salsa de Perú es muy picante.		
4. Esta salsa está riquísima.		
5. Las papas fritas están saladas.		
6. Este jugo de naranja no está frío.		
7. No me gusta el atún. Es muy salado.		

C Complete this story with the appropriate forms of **ser** or **estar**.

Mis tíos Jorge y Marta **(1)** _____ muy simpáticos. Jorge

(2) _____ un poco más alto que Marta, pero ellos

(3) _____ muy atléticos. Jorge

(4) _____ de Argentina, y Marta es de Texas. Ahora ellos

(5) _____ aquí para visitar a mis padres. Hoy

(6) _____ sábado, y nosotros **(7)** _____

muy contentos porque vamos a comer a un restaurante muy bueno. El

restaurante **(8)** _____ cerca de nuestra casa.

D Use the clues in parentheses to answer the questions.

MODELO ¿Dónde está José? (en casa)
            Está en casa.

1. ¿Cómo está la profesora hoy? (un poco enojada)

   _____

2. ¿Cuál es el teléfono de José? (5-55-34-98)

   _____

3. ¿Cómo es el padre de Ramón? (alto y trabajador)

   _____

4. ¿De qué color son los tomates? (rojos)

   _____

Direct Objects

▶ Sentences have subjects and verbs. They can also have a **direct object.** The direct object is the person or thing that **receives the action** of the verb.

▶ The direct object usually answers the question **¿Qué?** or **¿A quién?**

—**¿Qué** está comiendo Tomás? —**¿A quién** vas a visitar?
—Está comiendo <u>arroz</u>. —Voy a visitar a <u>mi tía</u>.

▶ In Spanish, put **a** before the direct object if it is a specific person.
No veo **a** <u>mi amigo</u>, pero veo su <u>mochila</u>.

▶ To avoid repeating a noun that has already been mentioned, use a direct object pronoun. Direct object pronouns agree with the noun they stand for.

me	*me*	**nos**	*us*
te	*you*	**os**	*you*
lo	*him, it (m.)*	**los**	*them (m.)*
la	*her, it (f.)*	**las**	*them (f.)*

▶ Direct object pronouns go before the conjugated verb in a sentence. They can also be attached to the end of an infinitive or present participle.

—¿Quién prepara <u>la cena</u>?
—Mis padres **la** preparan y yo **la** sirvo.

—¿Quién va a lavar <u>el carro</u>? —¿Quién está leyendo <u>la revista</u>?
—Mi hermana **lo** va a lavar. —Mi padre **la** está leyendo.
(—Mi hermana va a lavar**lo**.) (—Mi padre está leyéndo**la**.)

Actividades

A Héctor habla de lo que va a hacer mientras está de vacaciones con su familia. Escucha las oraciones y decide de qué o de quién habla:

a) su padre c) sus hermanas

b) su tarjeta de embarque d) sus libros de texto

1. _____
2. _____
3. _____
4. _____
5. _____
6. _____
7. _____

REPASO DE GRAMÁTICA

B Circle the direct object pronoun and underline the noun it refers to.

MODELO (La torta) está deliciosa. ¿No quieres probar**la**?

1. En el restaurante ustedes piden espinacas. No las pueden preparar en casa.

2. La ensalada está en la mesa. La voy a servir.

3. El perro está durmiendo en el patio. Estoy dibujándolo.

4. Jorge quiere hablar con vosotros. Va a llamaros esta tarde.

5. Mi madre sirve café con leche por la mañana. Casi siempre lo bebemos.

6. Tu sopa no está caliente. Tienes que calentarla.

C Fill in the blanks with the direct object pronouns that you would use to replace the nouns in these sentences.

MODELO Toni compra <u>el pan</u>.   ____**Lo**____ compra.

1. Veo <u>a Gloria</u>.   _____ veo.

2. Voy a llamar <u>a Mario</u>.   _____ voy a llamar.

3. Vamos a comer <u>los pasteles</u>.   Vamos a comer_____.

4. Martín está escribiendo <u>un poema</u>.   _____ está escribiendo.

5. Tengo que leer <u>tres novelas</u>.   _____ tengo que leer.

6. No conozco <u>a tus amigas</u>.   No _____ conozco.

D Use the clues in parentheses to answer the questions. Replace direct object nouns with pronouns.

MODELO ¿Dónde compra Juan el libro? (la librería)
   Lo compra en la librería.

1. ¿Quién va a comer la pizza? (Mi amigo)

   _____

2. ¿Cuándo vas a llamar a tus hermanas? (mañana)

   _____

3. ¿Quiénes tienen que aprender los verbos? (Nosotros)

   _____

4. ¿Quién escribe los exámenes? (el profesor)

   _____

(102)

Verbs with Reflexive Pronouns

REPASO DE GRAMÁTICA

▶ Use a reflexive pronoun to show that the subject and object of a verb are the same. Use the pronoun that agrees with the subject.

yo	**me** levanto	nosotros(as)	**nos** levantamos
tú	**te** levantas	vosotros(as)	**os** levantáis
él/ella/usted	**se** levanta	ellos/ellas/ustedes	**se** levantan

▶ Some verbs can be used with or without a reflexive pronoun, depending on who or what the object is.

Yo **me** despierto a las 7:00. A las 7:30 despierto a mi hijo.

▶ Reflexive pronouns go before the conjugated verb in a sentence. They can also be attached to the end of an infinitive or present participle.

Óscar siempre **se** acuesta tarde. Mañana va a acostar**se** temprano.
(Mañana **se** va a acostar temprano.)

Ernesto **se** bañó primero. Jorge **se** está bañando ahora.
(Jorge está bañándo**se** ahora.)

▶ Use **el, la, los,** or **las** with parts of the body after verbs with reflexive pronouns or to talk about putting on or taking off clothes, shoes, or jewelry.

Me lavo **la** cara, me maquillo y me pongo **los** aretes.
Debes ponerte **los** calcetines antes de ponerte **los** zapatos.

▶ Here are some verbs that are often used with reflexive pronouns.

afeitarse	estirarse	maquillarse	quitarse
bañarse	lavarse	peinarse	relajarse
despertarse	levantarse	ponerse	secarse
entrenarse	mantenerse (ie)	prepararse	vestirse (i)

Actividades

A Circle the reflexive pronoun and draw an arrow to the subject it refers to, if it is given. Underline the verb used with the reflexive pronoun.

MODELO Mi hermana (se) levanta más tarde.

1. Por la mañana, yo me despierto a las seis y media.

2. Ella y yo nos vestimos después de desayunar.

3. Mi padre se afeita por la mañana.

4. Mi madre se lava la cara y las manos.

5. Tú tienes que peinarte todas las mañanas.

6. Nadie está bañándose.

B Choose the correct verb to complete what Luisa says about going to the gym.

_____ 1. ¡El gimnasio es divertido! Voy a _____ temprano para ir mañana.
    a. despertarse   **b.** despertarme   **c.** me despierto

_____ 2. Mi amiga Elisa y yo _____ con ropa atlética.
    a. vestirnos   **b.** se visten   **c.** nos vestimos

_____ 3. Elisa corre para _____ en forma.
    a. me mantengo   **b.** se mantiene   **c.** mantenerse

_____ 4. Ella _____ en una piscina enorme.
    a. entrenarse   **b.** se entrena   **c.** se entrenan

_____ 5. Esta noche _____ temprano para levantarme temprano mañana.
    a. me acuesto   **b.** acostarse   **c.** acostarme

C Complete the sentences with the correct form of each reflexive verb in parentheses.

1. Normalmente yo _____ (acostarse) a las diez y media.

2. Mis hermanos _____ (acostarse) a la misma hora.

3. Yo _____ (ponerse) el piyama antes de leer un rato.

4. Yo leo en la cama porque necesito _____ (relajarse).

5. Tú siempre tienes que _____ (estirarse) antes de acostarte.

D Use verbs with reflexive pronouns to tell what is happening in the drawings.

Modelo   **1.**   **2.**   **3.**

MODELO Jorge se está bañando. (Jorge está bañándose.)

1. Isabel _____

2. Mónica y Rebeca _____

3. Zorro _____

(104)

Using Infinitives

> ► The **infinitive** is the form of a verb that is not conjugated and ends in
> **-ar, -er,** or **-ir.**
>
>   **bail<u>ar</u>** *to dance*   **corr<u>er</u>** *to run*   **viv<u>ir</u>** *to live*
>
> ► The infinitive can be used after
>   • prepositions such as **antes de, después de,** and **para**
>   Siempre hago ejercicio **antes de** <u>salir</u> para el colegio.
>   • the expressions **acabar de, pensar,** and **ir a** to say what someone *just did,*
>   *plans to do,* or *is going to do*
>   Beatriz **acaba de** <u>hablar</u> con Juan. **Van a** <u>salir</u> esta noche.
>   • the expressions **tener que, necesitar,** and **deber** to say what someone *has to
>   do, needs to do,* or *should do*
>   Yo **necesito** <u>lavar</u> el coche, y mi hermano **tiene que** <u>limpiar</u> su cuarto.
>   • the expressions **querer** and **tener ganas de** to say what someone *wants to
>   do* or *feels like doing*
>   José **tiene ganas de** <u>ir</u> al centro comercial, pero su novia **quiere**
>   <u>descansar</u>.
>   • the verb forms **gusta** and **gustaría** to say what someone *likes to do* or *would
>   like to do*
>   Me **gusta** <u>ir</u> al cine. Me **gustaría** <u>ir</u> esta noche, pero no puedo.
>
> ► Object and reflexive pronouns can be attached to infinitives.
>   No **me** quiero bañar hoy. Quiero bañar**me** mañana.
>   Acabo de comprar un libro, pero no tengo tiempo para leer**lo.**

Actividades

A Choose the correct answer to complete the sentences.

1. A mis amigos no les gusta _____ (dormir/duermen)
   por la tarde.

2. Siempre uso lápiz para _____ (presentar/presento)
   exámenes.

3. Yo nunca nado después de _____ (comer/como).

4. ¿Cuándo _____ (querer/quieres) ir al cine?

5. Nosotros _____ (tenemos/tener) que hacer la tarea esta
   noche.

(105)

REPASO DE GRAMÁTICA

B Fill in the blanks with the correct forms of the verb.

> **MODELO** (tener) Hoy no <u>tengo</u> tiempo, pero mañana voy a <u>tener</u>
> mucho tiempo.

1. (salir) Hoy Vicente _____ con sus amigos.

Mañana quiere _____ con ellos también.

2. (llegar) Mi amiga Laura acaba de _____ a la

fiesta. Siempre _____ temprano.

3. (estudiar) Yo _____ mucho para algunas clases, pero

no tengo que _____ para otras.

4. (correr) Jorge siempre _____ por la tarde. Esta

tarde piensa _____ también.

5. (invitar) Arturo me acaba de _____ a su fiesta.

Él siempre me _____ a sus fiestas.

C Answer the questions based on Julia's morning schedule.

7:00	Se levanta.	8:20	Llega al colegio
7:15	Se baña.	8:30	Va a su clase de español.
7:45	Desayuna.	9:45	Estudia en la biblioteca.
8:00	Sale para el colegio.	11:00	Almuerza en la cafetería.

> **MODELO** ¿Cuándo se baña?
> **Se baña después de levantarse, pero antes de desayunar.**
> ¿Son las 8:25. ¿Qué acaba de hacer?
> **Acaba de llegar al colegio.**

1. ¿Cuándo estudia?

_____

2. Son las 7:05. ¿Qué acaba de hacer?

_____

3. ¿Cuándo almuerza?

_____

4. Son las 9:40. ¿Qué va a hacer ahora?

_____

5. ¿Cuándo desayuna?

_____

Placement of Object and Reflexive Pronouns

▶ Direct object pronouns (**me, te, lo/la, nos, os, los/las**) refer to the person or thing that receives the action of a verb.

  Busco <u>un libro</u> en la biblioteca y luego **lo** leo.

▶ Reflexive pronouns (**me, te, se, nos, os, se**) show that the subject and object of a verb are the same.

  Antonio **se** baña por la mañana.

▶ The pronouns used with **gustar** (**me, te, le, nos, os, les**) refer to the person experiencing the action of the verb.

  Te toca lavar los platos.
  A Juan **le** gusta el fútbol.

▶ These pronouns can be placed before conjugated verbs or attached to the end of infinitives or present participles.

  Roberto no **te** escucha, pero yo siempre **te** escucho.
  No **me** quiero acostar ahora. Quiero acostar**me** más tarde.
  Acabo de comprar un libro, y ahora estoy leyéndo**lo** (**lo** estoy leyendo).

▶ These pronouns must be attached to the end of affirmative commands. They must come before negative commands.

  Saca la basura. Sáca**la** hoy, por favor. No **la** saques mañana.
  Levánte**se** temprano. No **se** levante tarde.

Actividades

A Tell whether each underlined verb is an infinitive (I), a present participle (PP), a command (C), or a conjugated verb (CV). Then circle the object or reflexive pronouns in the sentences.

	I	PP	C	CV
1. Escucho el programa, pero no lo <u>entiendo</u>.				
2. Voy a <u>llamar</u>te esta tarde.				
3. Julio tiene mucha tarea, y tiene que <u>hacer</u>la hoy.				
4. No te <u>duches</u> ahora. No hay agua caliente.				
5. Acabo de comprar una hamburguesa. La <u>voy</u> a comer ahora.				
6. <u>Acuéstate</u> ahora, por favor. Es muy tarde.				
7. Siempre me <u>ves</u> en la cafetería.				

Nombre _____ Clase _____ Fecha _____

B Complete the sentences with the pronoun correctly placed.

> **MODELO** (te) Yo __te__ voy a _____ llevar_____ al colegio hoy.
>
> Yo _____ voy a _____ llevar__te__ al colegio hoy.

1. (lo) Me gusta ese videojuego. Yo _____ quiero _____ comprar_____ hoy.

   Yo _____ quiero _____ comprar_____ hoy.

2. (la) La sopa está muy caliente. ¡No _____ calientes _____ más!

3. (se) Los atletas _____ deben _____ estirar_____ hoy.

   Los atletas _____ deben _____ estirar_____ hoy.

4. (las) ¿Las zanahorias? _____ Pon_____ en el refrigerador _____.

C Rewrite the sentences. Replace direct object nouns with pronouns.

> **MODELO** Limpio la casa.
> **La limpio.**

1. Ensayamos las canciones. _____

2. No bañes al gato ahora. _____

3. Baña al perro, por favor. _____

4. Martín lava los platos. _____

5. Laura come la manzana. _____

D Use the clues in parentheses to answer the questions. Replace direct objects with pronouns.

> **MODELO** ¿Cuándo vas a hacer la tarea? (mañana)
> **La voy a hacer mañana. (Voy a hacerla mañana.)**

1. ¿Qué piensas hacer con el chocolate? (comer)

   _____

2. ¿Cuándo debo sacar el pastel del horno? (ahora mismo)

   _____

3. ¿Cuándo debo mirar el programa? (a las 8:00)

   _____

4. ¿Cuándo quieres limpiar el baño? (no... nunca)

   _____

(108)

Demonstrative Adjectives

▶ The **definite article** (**el, la, los,** or **las**) is used before a noun to say *the* or to talk about a general category. The **indefinite article** (**un, una, unos,** or **unos**) is used to say *a(n)* or *some*. Articles go before the noun and agree in gender and number.

Los perros son simpáticos, y **los** gatos son misteriosos.

En mi ciudad hay **unas** casas muy bonitas.

Vamos a **un** restaurante chino, no a **la** cafetería del colegio.

▶ Demonstrative adjectives point out people and things. Like articles, they go before the noun and agree in number and gender.

SINGULAR		PLURAL	
este/esta	*this*	**estos/estas**	*these*
ese/esa	*that*	**esos/esas**	*those*
Este gato es simpático.		**Esa** casa es bonita.	

▶ Use forms of **este** for things that are nearby, and forms of **ese** for things that are further away.

Esta camisa es bonita, pero **esos** pantalones que tienes tú son feos.

Actividades

A Write sentences telling what the following things are.

MODELO carro (medio de transporte)
   El carro es un medio de transporte.

1. béisbol (deporte) _____

_____

2. helado (postre) _____

_____

3. gato (animal) _____

_____

4. naranja (fruta) _____

_____

5. calculadora (computadora) _____

_____

6. el Día de Acción de Gracias (día festivo) _____

_____

REPASO DE GRAMÁTICA

B Tell whether the underlined things are masculine (m.) or feminine (f.) and singular (s.) or plural (p.). Then check the box to show whether they are near to the speaker or far away from the speaker.

m./f.	s./p.	near	far
f.	p.	✓	

MODELO Estas mochilas son viejas.

1. <u>Esa mujer</u> trabaja en un banco.

2. <u>Ese vestido</u> es bonito.

3. <u>Estas camisas</u> son caras.

4. <u>Esos libros</u> son difíciles.

5. <u>Estos zapatos</u> son de cuero.

6. <u>Esas pulseras</u> son baratas.

C Fill in the blanks with the logical demonstrative pronouns to tell what Lalo is thinking.

1. _____ árbol es grande, pero _____ árboles son pequeños.

2. _____ perro es simpático, pero _____ gato es feroz.

3. _____ carro es bonito, y _____ carro es bonito también.

4. _____ perro quiere comer _____ manzana.

(110)

Comparisons

▶ Use these expressions with adjectives to compare things. The adjective agrees in gender and number with the first thing specified.

más + adjective + **que**	*more . . . than*
tan + adjective + **como**	*as . . . as*
menos + adjective + **que**	*less . . . than*

María es **más** alta **que** Alberto, pero Alberto es **tan** simpático **como** María.

Estos estudiantes son **más** trabajadores **que** esos estudiantes.

Estos pantalones son **más** caros **que** esa falda.

▶ These adjectives have irregular comparative forms.

bueno(a)	➔ **mejor(es)**		joven	➔ **menor(es)**
good	*better*		*young*	*younger*
malo(a)	➔ **peor(es)**		viejo(a)	➔ **mayor(es)**
bad	*worse*		*old*	*older*

Yo soy **mayor que** mi hermano.

Esta película es **peor que** *La Bestia*.

▶ Use **más que, menos que,** and **tanto como** to say that someone does something *more than*, *less than*, or *as much as* someone else.

Israel come **más que** Antonio.

Mis tíos viajan **tanto como** mis padres.

Actividades

A In these comparisons, circle the two things being compared, underline the phrase expressing the comparison, and tell whether the adjective is masculine (m.) or feminine (f.) and singular (s.) or plural (p.)

	m./f.	s./p
1. Las computadoras son más caras que los videojuegos.		
2. Mi hermana es más trabajadora que mi hermano.		
3. Esta novela es tan aburrida como este diccionario.		
4. Esos sombreros son menos feos que los otros.		
5. Martín es más alto que María Luisa.		
6. El profesor es más serio que los estudiantes.		
7. Mis hermanos son más perezosos que nuestro gato.		
8. El windsurf es tan divertido como esquiar en el agua.		

B Escucha mientras las siguientes personas dicen qué cosa prefieren. Escoge lo que prefieren, o si les gustan las dos cosas igualmente, escoge **las dos.**

_____ **1. a.** el vestido negro   **b.** la falda amarilla   **c.** las dos

_____ **2. a.** la camisa blanca   **b.** la camisa azul   **c.** las dos

_____ **3. a.** las botas   **b.** los zapatos negros   **c.** las dos

_____ **4. a.** los pantalones vaqueros   **b.** los pantalones cortos   **c.** las dos

_____ **5. a.** el saco gris   **b.** la chaqueta blanca   **c.** las dos

_____ **6. a.** traje de baño morado   **b.** traje de baño anaranjado   **c.** las dos

C Look at Tina's and Ema's schedules. Then fill in the blanks with **más que, menos que,** and **tanto como** to tell how much they do these things.

Tina		Ema	
1:00 – 2:30	Estudia.	1:00 – 1:30	Corre.
2:30 – 3:00	Corre.	1:30 – 3:00	Ve televisión
3:00 – 5:00	Ve televisión.	3:00 – 4:30	Toca el piano.
5:00 – 6:00	Toca el piano.	4:30 – 6:00	Estudia.

1. Tina corre _____ _____ Ema.

2. Ema toca el piano _____ _____ Tina.

3. Tina ve televisión _____ _____ Ema.

4. Ema estudia _____ _____ Ema.

D Use appropriate forms of the adjectives to write logical sentences comparing these things.

MODELO los elefantes / los perros / grande
         Los elefantes son más grandes que los perros.

1. los lápices / las computadoras / caro

_____

2. Susi / su madre / joven

_____

3. las bicicletas / los carros / pequeño

_____

4. las piernas / los brazos / largo

_____

(112)

Numbers and Adjectives of Quantity

TEMA 24

REPASO DE GRAMÁTICA

▶ Adjectives usually come after the nouns they describe. Adjectives telling *how much* or *how many* come before the noun and agree in gender and number.
   —¿**Cuánto** dinero tienes?
   —Tengo **poco** dinero, pero tengo **muchos** amigos.

▶ When used as adjectives, most numbers change form to agree with the noun they modify.

doscientos(as)	cuatrocientos(as)	setecientos(as)
doscientos(as) uno(a)	quinientos(as)	ochocientos(as)
trescientos(as)	seiscientos(as)	novecientos(as)

▶ Numbers ending in **uno** or **-uno** change to **una** or **-una** when the noun is feminine. Before a masculine noun, **uno** or **-uno** change to **un** or **-ún.**
   Marcelo come **treinta y una** <u>naranjas</u> en un mes.
   Jorge tiene **veintiún** <u>años</u>. Yo tengo **treinta y uno.**
   Yo tengo **treinta y un** <u>videojuegos</u>. Laura tiene **cuarenta y uno.**

▶ **Cien(to)** and **mil** are used with both masculine and feminine nouns.
   cien camisas   **ciento una** faldas   **mil** sombreros

▶ **Un millón** changes to **millones** in the plural. Use **de** after **millón** or **millones** when it is followed by a noun.
   dos millones de personas   **un millón quinientas mil** novelas

Actividades

A Fill in the blanks with words from the box to tell how many of each there are.

1 carro	101 libros	1 casa	302 computadoras
45.000.000 personas		15.000 taxis	503 estudiantes

1. trescientas dos _____

2. una _____

3. quinientos tres _____

4. ciento un _____

5. un _____

6. quince mil _____

7. cuarenta y cinco millones de _____

(113)

B Look at the list of some of Teresa's possessions. Then fill in the blanks with forms of **mucho** or **poco**.

2 libros	359 videojuegos
$7	9 perros
2 camisetas	97 calcetines

1. Teresa tiene _____ libros, pero tiene _____ videojuegos.

2. Tiene _____ calcetines y _____ camisetas.

3. Tiene _____ dinero y _____ perros.

C Write out the numbers.

MODELO (302) <u>trescientas dos</u> camisetas

1. (1) _____ enchilada

2. (202) _____ bicicletas

3. (1.000.000) _____ dólares

4. (1431) _____ años

5. (41) _____ cuadernos

D In 2002, Spain changed its currency from **la peseta (pta.)** to **el euro (€).** The value of 1 € was about 166 ptas. Look at the list of prices and tell how many pesetas these foods cost in a restaurant. Write out the numbers.

Gazpacho extremeño	4 €
Tortilla de patatas	2 €
Jamón serrano (bocadillo)	5 €
Paella valenciana	9 €
Café	1 €

MODELO **La tortilla cuesta trescientas treinta y dos ptas.**

1. El gazpacho _____

2. El jamón serrano _____

3. La paella _____

4. El café _____

Affirmative Informal Commands

TEMA 25

REPASO DE GRAMÁTICA

> ► Use **affirmative informal commands** to tell someone you address as **tú** to do something.
>
> ► To form the affirmative informal commands of regular or stem-changing verbs, drop the final **-s** from the **tú** form of the present tense.
>
> | | | | |
> |---|---|---|---|
> | bailas | ➔ ¡**Baila!** | corres | ➔ ¡**Corre!** |
> | piensas | ➔ ¡**Piensa!** | escribes | ➔ ¡**Escribe!** |
>
> **Lava** los platos, por favor.　　**Pide** un sándwich de pollo.
>
> ► Some verbs have irregular affirmative informal command forms.
>
> | | | | | | |
> |---|---|---|---|---|---|
> | tener | ➔ **ten** | ir | ➔ **ve** | hacer | ➔ **haz** |
> | venir | ➔ **ven** | ser | ➔ **sé** | salir | ➔ **sal** |
> | poner | ➔ **pon** | | | | |
>
> **Ven** aquí.　　　　　　　　　**Ve** a la biblioteca esta tarde.
>
> ► **Object pronouns** and **reflexive pronouns** are attached to the end of affirmative commands. A written accent mark goes over the stressed vowel of the verb unless the verb is only one syllable long.
>
> **Levánta**te y **víste**te, por favor.　　¿El jabón? **Búsca**lo en el baño.

Actividades

A Circle the command forms and underline the direct object pronoun. Then write the noun to which the pronoun refers.

1. La torta está deliciosa. Pruébala. _____

2. Las zanahorias están en el refrigerador. Sácalas ahora, por favor.

   _____

3. Hay muchos verbos nuevos. Estúdialos, por favor.

   _____

4. Tu hermanito quiere ir contigo al partido. Llévalo, por favor.

   _____

5. Quisiera cereales. Sírvelos en el plato hondo. _____

6. Tienes tarea de todas tus clases. Hazla ahora mismo.

   _____

7. Esa canción es muy buena. Escúchala ahora. _____

(115)

REPASO DE GRAMÁTICA

B Escucha las preguntas de Nuria y escoge la respuesta más lógica.

🎧

    a) Caliéntalo en el horno.

    b) Sácalos del refrigerador y ponlos en la mesa.

    c) No, todavía no. Ponla con las otras bebidas.

    d) Sí, ponlas a calentar en el microondas.

    e) Córtalas y mézclalas en un plato hondo.

1. ____   **2.** ____   **3.** ____   **4.** ____   **5.** ____

C Rewrite the following commands, replacing the underlined direct objects with direct object pronouns.

    1. Baña al perro. _____

    2. Prepara el desayuno. _____

    3. Toma las aspirinas. _____

    4. Lee la novela. _____

    5. Pon la televisión. _____

    6. Escribe la carta. _____

    7. Lava los platos. _____

    8. Escucha al profesor. _____

D Sr. Guzmán is telling his children that they do have to do the following things. Write what he says using informal commands and object or reflexive pronouns.

    MODELO ¿Tengo que levantarme ahora?

                   Sí, levántate ahora.

    1. ¿Tengo que bañarme? _____

    2. ¿Me visto para salir? _____

    3. ¿Puedo beber el jugo? _____

    4. ¿Puedo poner la mesa? _____

    5. ¿Debo irme? _____

    6. ¿Tengo que limpiar el baño? _____

    7. ¿Cuido a Juanito? _____

    8. ¿Tengo que acostarme? _____

  (116)

Negative Informal Commands

▶ Use **negative informal commands** to tell someone you address as **tú** not to do something.

▶ To form the negative informal command of most verbs, drop the final **-o** from the **yo** form of the present tense. Then add **-es** for **-ar** verbs and **-as** for **-er** or **-ir** verbs.

–AR VERBS	–ER/–IR VERBS
fumo → **no fumes**	duermo → **no duermas**
pienso → **no pienses**	salgo → **no salgas**

▶ Verbs ending in **-ger, -guir, -car, -gar** and **-zar** have spelling changes.

    recoger → **no recojas**   sacar → **no saques**

    seguir → **no sigas**   empezar → **no empieces**

    llegar → **no llegues**

▶ These verbs have irregular negative informal commands.

    dar → **no des**   ir → **no vayas**   ser → **no seas**

▶ Object pronouns and reflexive pronouns go between **no** and the verb.

    No te levantes tarde.

    Este libro es pésimo. **No lo leas.**

Actividades

A Circle the commands. Then tell whether the command is *affirmative* or *negative*.

	Affirmative	Negative
1. No recojas la ropa de tu hermano.		
2. No trabajes demasiado.		
3. Haz tu tarea todos los días.		
4. Despiértate temprano.		
5. No seas malo con tus compañeros de clase.		
6. No vayas mucho al centro comercial.		
7. Prepárate bien para los exámenes.		
8. No sigas a tu amigo.		

   (117)

REPASO DE GRAMÁTICA

B Choose the command that parents would logically use with their child.

1. _____ (Come / No comas) verduras.

2. _____ (Compra / No compres) muchos dulces.

3. _____ (Sal / No salgas) tarde para el colegio.

4. _____ (Haz / No hagas) la tarea.

5. ¡_____ (Pon / No pongas) los pies en la mesa!

6. ¡_____ (Empieza / No empieces) a fumar!

7. _____ (Vuelve / No vuelvas) tarde a casa.

8. _____ (Ve / No vayas) al colegio.

9. _____ (Sé / No seas) bueno.

10. _____ (Arregla / No arregles) tu cuarto.

C Rewrite the following commands, replacing the underlined direct objects with direct object pronouns.

1. No pongas <u>tu ropa</u> en el horno. _____

2. No hagas <u>el trabajo</u>. _____

3. No digas <u>esa palabra</u>. _____

4. No comas <u>las galletas</u>. _____

5. No compres <u>ese suéter</u>. _____

D Your little brother is coming to stay at your house for a month. Use the information provided to make up a list of house rules for him.

1. no comer en la sala

_____

2. no ver televisión todo el día

_____

3. no recoger mis cosas

_____

4. no acostarse muy tarde

_____

5. no fumar en ninguna parte

_____

6. no poner la música muy fuerte (loud)

Present Progressive

▶ To tell what is happening right now, use the **present progressive.**

▶ To form the present progressive, use the present tense of **estar** and the **present participle.**

cant~~ar~~ ➔ cant**ando**		Rosa **está cantando.**
com~~er~~ ➔ com**iendo**		**Estamos comiendo.**
escrib~~ir~~ ➔ escrib**iendo**		**Estoy escribiendo.**

▶ When the stem of an **-er** or **-ir** verb ends in a **vowel,** form the present progressive by adding **-yendo.**

le~~er~~ ➔ le**yendo**   **¿Estás leyendo?**

▶ The participles of **-ar** and **-er** verbs don't have stem changes, the participles of stem-changing **-ir** verbs do have them.

p<u>e</u>nsar ➔ p<u>e</u>nsando	d<u>o</u>rmir ➔ d<u>u</u>rmiendo
ll<u>o</u>ver ➔ ll<u>o</u>viendo	s<u>e</u>rvir ➔ s<u>i</u>rviendo

▶ The verbs **ir** and **venir** are not usually used in the present progressive. Use the present tense instead. Also, you can't use the present progressive in Spanish to talk about the future. Use the present or **ir a** + infinitive.

I'm going to the library.	<u>Voy</u> a la biblioteca.
They're arriving tomorrow.	<u>Llegan</u> mañana. *or* <u>Van a llegar</u> mañana.

▶ Object and reflexive pronouns can go before the conjugated form of **estar,** or they can be attached to the participle with an accent on the stressed vowel.

¿La tarea? <u>**La** estoy haciendo</u> ahora. (**Estoy haciéndola** ahora.)

Antonio <u>**se** está bañando</u>. (Antonio **está bañándose**.)

Actividades

A Escucha las oraciones sobre la fiesta de Patricia y Roberto. Escoge las preguntas que le correspondan según el contexto.

a) ¿Qué están haciendo ustedes?

b) ¿Qué están haciendo los invitados?

c) ¿Qué está haciendo tu madre?

1. ____	3. ____	5. ____	7. ____
2. ____	4. ____	6. ____	

REPASO DE GRAMÁTICA

B Read what the people just finished doing. Match each sentence with what they are probably doing now.

_____ 1. Pablo acaba de hacer ejercicios.

_____ 2. Acabo de preparar un sándwich.

_____ 3. Acabamos de sacar A en un examen.

_____ 4. Ernesto acaba de llegar a la biblioteca.

_____ 5. Mi madre acaba de acostarse.

> **a.** Estamos celebrando.
> **b.** Se está bañando.
> **c.** Está estudiando.
> **d.** Está durmiendo.
> **e.** Estoy comiéndolo.

C Change the tense in the following sentences from present to present progressive. Replace the underlined direct object nouns with pronouns.

1. Pepita habla con Tino. _____

2. Yo preparo <u>el desayuno</u>. _____

3. Yo me peino. _____

4. Tú compras <u>la canoa</u>. _____

5. Compramos <u>unos CDs</u>. _____

6. Escribo <u>la carta</u>. _____

D Write sentences using the words in parentheses that tell what is happening in the pictures.

1.   2.   3.   4.

1. La familia Pérez (cenar / caminar)

_____

2. Enrique (levantar pesas / vestirse)

_____

3. La señora Martínez (dormir / leer)

_____

4. Natalia (lavar platos / nadar)

_____

(120)

Preterite: Regular Forms

TEMA 28

REPASO DE GRAMÁTICA

▶ Use the **preterite tense** to talk about *what happened* or *what someone did at a specific point in the past.*

▶ To form the preterite of **regular verbs,** add these endings to the verb's stem. The endings for regular **-er** and **-ir** verbs are the same.

	cantar	**escribir**
yo	cant**é**	escrib**í**
tú	cant**aste**	escrib**iste**
él/ella/usted	cant**ó**	escrib**ió**
nosotros(as)	cant**amos**	escrib**imos**
vosotros(as)	cant**asteis**	escrib**isteis**
ellos(as)/ustedes	cant**aron**	escrib**ieron**

▶ The **nosotros** forms of **–ar** and **–ir** verbs in the preterite are the same as in the present. Context will tell if the verb is in the present or in the past.
   Cantamos mucho ayer. *We sang a lot yesterday.*
   Ahora **vivimos** en México. *Now we live in Mexico.*

▶ Stem-changing **-ar** and **-er** verbs don't have a stem change in the preterite.
   Hoy **almorcé** con mi mamá.
   Mi tío **volvió** a casa ayer.

Actividades

A Underline the verb in each sentence. Then indicate whether the verb is in the present or preterite tense.

	Present	Past
1. Ignacio habló mucho en la clase.		
2. Tina corrió en un maratón la semana pasada.		
3. Yo lavo la ropa todos los días.		
4. Aprendemos mucho en esa clase.		
5. Anteayer miré las vitrinas por la calle.		
6. Pedro y yo escribimos la carta ayer.		

B Escucha lo que dice Alicia y decide si habla **a)** del presente o **b)** del pasado.

1. ____   3. ____   5. ____   7. ____   9. ____

2. ____   4. ____   6. ____   8. ____

(121)

C Match the subjects with the correct verbs to tell what happened in the Spanish class yesterday.

____ 1. La profesora

____ 2. Yo

____ 3. Mi amiga Susi y yo

____ 4. Vosotras

____ 5. Quique y Martín

a. cantasteis una canción en español.
b. escuché música.
c. hablaron conmigo.
d. escribió en la pizarra.
e. vimos un video

D Complete Mélida's description of her New Year's celebration with the correct verb forms. Use the verbs from the box below.

| comer | escuchar | llegar | recoger |
| mandar | invitar | recibir | regresar |

Mis padres y yo (**1**) _____ a todos mis amigos a mi casa

para una fiesta. Yo (**2**) _____ las invitaciones el lunes, y

todos las (**3**) _____ el miércoles. Mi amiga Tina no tiene

carro. Por eso, Samuel la (**4**) _____ en su motocicleta

(*motorcycle*). Todos (**5**) _____ a mi casa a las ocho.

Nosotros (**6**) _____ música y a la medianoche,

(**7**) _____ doce uvas. Por fin todos

(**8**) _____ a sus casas.

E Pablo asks about several activities. Tell him they were done yesterday.

1. ¿Vas a pasear por el parque hoy?

_____

2. ¿María cierra la tienda hoy?

_____

3. ¿Antonio y Lucas están lavando las toallas?

_____

4. ¿Van Érica y tú a ver la película esta noche?

_____

5. ¿Estás tomando un batido?

_____

Preterite of *Hacer* and *Ir*

▶ The verbs **hacer** and **ir** are irregular in the preterite. Note that these verbs don't have accent marks in the preterite.

	hacer	**ir**
yo	hice	fui
tú	hiciste	fuiste
él/ella/usted	hizo	fue
nosotros(as)	hicimos	fuimos
vosotros(as)	hicisteis	fuisteis
ellos(as)/ustedes	hicieron	fueron

—¿Adónde **fueron** ustedes ayer? —**Fuimos** al parque a correr.

—¿Qué **hizo** Juan ayer? —No **hizo** nada. Se quedó en casa.

▶ Use the preterite form **hizo** to tell what the weather was like over a specific peiod of time or when telling how long conditions lasted.

—¿Qué tiempo **hizo** ayer? —**Hizo** frío.

—¿Y anteayer? —Llovió mucho, pero no nevó.

Actividades

A Read what Pablo says about getting ready for his vacation. Underline the preterite forms of **hacer** and circle the subject.

1. Antes de comenzar el viaje mis amigos y yo hicimos una fiesta.

2. Yo hice planes para encontrarme con ellos al volver de mis vacaciones.

3. Mis hermanas no hicieron las maletas hasta muy tarde.

4. Mi mamá hizo las maletas anteayer.

5. En el aeropuerto, todos hicimos cola por media hora.

B Choose the correct form of **ir** or **hacer** in the preterite to complete the paragraph.

Ayer (**1.** fui / hicimos) con mi familia al centro comercial. Mi hermana Delia

(**2.** fuiste / fue) al almacén a comprar pantalones. Mis padres (**3.** hicieron /

fueron) diligencias y mi hermano (**4.** fue / fuiste) a la juguetería. Por fin todos

(**5.** fuimos / fuiste) a la heladería a tomar un batido. (**6.** Hice / Fue) un día muy

agradable.

(123)

C Match the questions with logical answers.

_____ **1.** ¿Qué tiempo hizo el domingo?

_____ **2.** ¿Qué hizo Andrés ayer?

_____ **3.** ¿Qué hiciste en el aeropuerto?

_____ **4.** ¿Adónde fuisteis el sábado?

_____ **5.** ¿Dónde hiciste la tarea?

a. La hice en la sala.
b. Fue al parque a correr.
c. Fuimos a una fiesta.
d. Hice cola por dos horas.
e. Hizo fresco.

D Fill in the blanks with the correct preterite forms of **hacer** or **ir.**

Mi hermano y yo (**1**) _____ muchas cosas la semana

pasada. El lunes (**2**) _____ mucho frío. Por eso, él

y yo (**3**) _____ al centro comercial. El martes

(**4**) _____ calor, y nosotros (**5**) _____

a la piscina para nadar. El miércoles llovió mucho. Mi hermano vio

una película, pero yo no (**6**) _____ nada. El jueves

(**7**) _____ muchísimo viento. Mi hermano

(**8**) _____ al gimnasio a levantar pesas y yo

(**9**) _____ ejercicios en casa.

E Using the weather forecast below, tell what the weather was like for each day. Then write what activities people most likely did on that day.

domingo	lunes	martes	miércoles	jueves	viernes
85°	70°	55°	41°	30°	32°

1. El lunes _____ (hacer viento/hacer fresco).

Alicia _____ (ir de excursión/ir al lago a nadar).

2. El miércoles _____ (hacer sol y calor/hacer frío y llover).

Yo _____ (ir al parque/ir al cine).

3. El jueves _____ (hacer frío y nevar/llover).

Nosotros _____ (ir de compras/ir al parque).

Spelling Changes in the Preterite

> Verbs ending in **-car, -gar,** and **-zar** have spelling changes in the **yo** form of the preterite. The other forms are regular.

	sacar	**llegar**	**comenzar**
	c → qu	g → gu	z → c
yo	sa**qué**	lle**gué**	comen**cé**
tú	sacaste	llegaste	comenzaste
él/ella/usted	sacó	llegó	comenzó
nosotros(as)	sacamos	llegamos	comenzamos
vosotros(as)	sacasteis	llegasteis	comenzasteis
ellos(as)/ustedes	sacaron	llegaron	comenzaron

Llegué a casa a las ocho. Jaime llegó a las siete.
Yo **comencé** a estudiar a las nueve. Jaime **comenzó** a las ocho.

> These verbs have these changes because of Spanish spelling and pronunciation rules.

> The **u** isn't pronounced in **-qué** or **-gué.** The sound of the **c** and **z** in the endings of verbs like **comenzar** is like the **c** in **cinco.**

Actividades

A Tell whether the underlined verbs are in the present tense (Pres.) or in the preterite (Pret.).

	Pres.	Pret

1. <u>Busco</u> el dinero en la cocina.

2. <u>Comencé</u> a estudiar temprano.

3. <u>Saqué</u> $50 del cajero automático.

4. Ayer <u>llegamos</u> al colegio a tiempo.

5. <u>Buscó</u> a su amigo en el café.

6. —¿<u>Almorzamos</u> en casa de Marta o de Adela?
   —Yo prefiero almorzar en casa de Adela.

7. <u>Jugamos</u> al fútbol hasta que comenzó a llover.

8. <u>Juego</u> al básquetbol los martes y jueves.

TEMA
30

REPASO DE GRAMÁTICA

B Choose the correct letters to complete the preterite of these verbs.

1. (g / gu)   Yo pa____é $4 por el almuerzo, pero Ramón sólo pa____ó $3.

2. (c / qu)   Nosotros bus____amos un libro en la librería, y mi papá bus____ó un calendario.

3. (g / gu)   Yo lle____é a tiempo, pero tú lle____aste tarde.

4. (c / qu)   Marisa sa____ó B en el examen, pero yo sa____é A.

5. (z / c)   Vosotros almor____asteis en casa, pero yo almor____é en la cafetería.

6. (z / c)   Mis amigos comen____aron a jugar a las ocho, pero mis padres comen____aron a las ocho y media.

C Complete the note with the correct preterite forms of the verbs in the word box.

conseguir	llegar	buscar	almorzar
comprar	sacar	comenzar	pagar

Hola, Mamá:

Ya estoy en el avión. Yo **(1)** _____ al aeropuerto

temprano, pero **(2)** _____ una fortuna por el taxi. Primero

yo **(3)** _____ la tarjeta de embarque y facturé la maleta.

Después yo **(4)** _____ dinero del cajero automático,

(5) _____ un café y leí una revista en la sala de espera. En el

avión yo encontré un asiento al lado de la ventana y pedí algo de almuerzo. Yo

(6) _____ muy bien. Estuvo riquísimo. ¡Qué bien

(7) _____ mi viaje!

D Pablo likes to imitate his older brother. Help him tell what he did yesterday by rewriting the sentences.

MODELO Mi hermano se levantó tarde.
            Yo me levanté tarde también.

1. Mi hermano buscó comida en la cocina. _____

2. Mi hermano hizo ejercicio. _____

3. Mi hermano almorzó en la sala. _____

4. Mi hermano comenzó una novela. _____

5. Mi hermano jugó al ajedrez. _____

126

Answer Key: Part 1
Repaso de vocabulario
Tema 1

A
1. animal
2. burro
3. gorila
4. tigre
5. cocodrilo
6. mosquito
7. zorro
8. elefante

B
1. geografía
2. oso
3. naranja
4. yoga
5. hormiga

C
1. burro
2. vaca
3. jirafa
4. koala
5. araña

D
1. uve doble–i–ele–efe–ere–e–de–o
2. a–be–e–jota–a
3. e–ele–e–efe–a–ene–te–e
4. zeta–a–ene–a–hache–o–ere–i–a

Tema 2

A 1. b   2. b   3. a   4. b   5. a

B 1. c   2. e   3. b   4. a   5. e

C
1. Muy bien, gracias. ¿Y usted?
2. Estoy mal.
3. Estoy regular, gracias. (Más o menos. ¿Y tú?)
4. Muy bien.

D Hasta luego. Adiós. Buenas noches. Hasta mañana. Nos vemos.

Tema 3

A
1. Beatriz   3 - 2 - 4 - 1 - 9 - 5 - 0
2. Jorge   2 - 6 - 7 - 3 - 1 - 2 - 8
3. Rosaura   2 - 1 - 3 - 2 - 5 - 3 - 1
4. Ángel   7 – 1 – 8 - 6 - 3 - 9 - 4
5. Gladys   1 - 2 – 8 – 1 – 5 - 2 - 2

B
1. veintidós euros
2. veintiocho euros
3. diecisiete euros
4. doce euros

C
1. veintidós
2. sesenta y cuatro
3. cuarenta
4. treinta y uno
5. cincuenta y cuatro
6. ochenta y cinco
7. noventa y dos
8. cien
9. setenta y cinco
10. cero

D
1. cincuenta
2. sesenta y cinco
3. diez
4. setenta y seis
5. sesenta y cuatro
6. cero

Tema 4

A 1. a   2. b   3. b   4. b   5. a

B
1. 6:00
2. 6:30
3. 5:20
4. 8:00
5. 7:15
6. 4:45

C 1. sí   2. sí   3. no   4. no   5. sí

D
1. Son las tres menos diez de la tarde.
2. Son las seis menos cuarto de la mañana.
3. Es el mediodía. Son las doce de la tarde.
4. Son las diez y veinticinco de la mañana.
5. Son las ocho y media de la mañana.

E
1. Rosamaría llega a las cinco y veinticinco de la tarde.
2. Tresa llega a las doce menos cinco de la mañana.
3. Arturo llega a la una y veinte de la tarde.
4. Rogelio llega a las once menos veinte de la mañana.
5. Beatriz llega a las diez menos cuarto de la noche.

Tema 5

A
1. miércoles
2. junio
3. sábado
4. martes
5. domingo
6. abril

B 1. b   2. a   3. c

C
1. Es el primero de enero.
2. Es el primero de abril.
3. Es el catorce de febrero.
4. Es el veinticuatro de diciembre.
5. Es el treinta y uno de octubre.

D
1. ¿Cuándo es el cumpleaños de María?
2. ¿Qué día es hoy?
3. ¿Qué fecha es hoy?

4. ¿Cuántos años tienes tú?

5. ¿Cuando es tu cumpleaños?

Tema 6

A 1. neither 3. neither 5. neither
2. A 4. B 6. neither

B 1. c 2. d 3. a 4. b

C 1. no; Vamos al parque cuando hace buen tiempo.
2. sí
3. no; La profesora lee en casa (en el café, en la biblioteca) cuando llueve.
4. sí
5. no; Nos gusta nadar cuando hace mucho calor.

Tema 7

A 1. sí 2. no 3. no 4. no 5. sí

B 1. c 2. c 3. a 4. c 5. b

C 1. No es perezosa.
2. No son antipáticos.
3. No es tímida.
4. No son viejos.
5. No es delgado.
6. No tiene el pelo corto.

Tema 8

A 1. b 2. d 3. c 4. a 5. e

B 1. Le gusta patinar.
2. No le gusta jugar al ajedrez.
3. Le gusta cantar y montar en bicicleta.
4. Le gustar cantar o tocar el piano.
5. Patina los miércoles y monta en bicicleta los fines de semana.

C Gabriel: (practicar deportes), jugar al tenis, jugar al básquetbol, patinar, montar en bicicleta, pasear
Arturo: (ver películas), navegar por Internet, leer, dibujar, jugar al ajedrez, escuchar música

Tema 9

A 1. abuela 3. mis abuelos
2. tío 4. hermana

B 1. cierta 4. cierta 7. falsa
2. falsa 5. falsa 8. cierta
3. cierta 6. falsa

C 1. sobrino 4. hija
2. nieta 5. padre
3. primo 6. hermanas

Tema 10

A 1. la cocina 4. la sala, la habitación
2. la cocina 5. el jardín
3. la habitación 6. el baño

B 1. Juan 3. Juan 5. Sarita
2. Rosa 4. Mario

C 1. lavar los platos
2. pasar la aspiradora
3. sacar la basura
4. cortar el césped
5. cocinar
6. arreglar la habitación

D 1. el jardín 4. la cocina
2. la habitación 5. la sala
3. el garaje

Tema 11

A 1. estadio 4. teatro
2. salón de clase 5. la biblioteca
3. cafetería

B 1. c 2. a 3. b 4. f 5. d 6. e

C 1. b 2. a 3. a 4. a 5. b

D 1. la cafetería
2. el auditorio
3. el salón de clase
4. la biblioteca (el salón de clase)
5. el estadio
6. la biblioteca (el salón de clase)
7. el auditorio

Tema 12

A 1. f 2. c 3. a 4. e 5. d 6. b

B 1. a 2. b 3. c 4. a 5. b

C 1. b 2. b 3. c 4. a 5. c

Repaso de gramática
Tema 1

A 1. (el) ajedrez; M, S
2. (la) comida; F, S
3. (un) carro; M, S
4. (una) mochila; F, S
5. (la) música; F, S
6. (las) verduras; F, P

7. (Los) libros; M, P
8. (los) deportes; M, P

B compañeros   señores   películas
helados   animales   nombres

C 1. ÉL   4. NOSOTROS
2. USTEDES   5. ELLAS
3. ELLOS   6. VOSOTROS

D 1. Ella es mi amiga.
2. Él es un compañero de clase.
3. Ella es de Cuba.
4. Él es mi profesor de ciencias.

Tema 2

A 1. subject: Yo   verb: soy
2. subject: Lili   verb: es
3. subject: Ella   verb: es
4. subject: Paco   verb: estudia
5. subject: El Sr. Ortiz   verb: lava
6. subject: Tú   verb: vas
7. subject: Nosotros   verb: corremos
8. subject: Elsa   verb: prepara

B 1. a   2. d   3. b   4. c   5. e

C 1. P   2. P   3. S   4. S   5. P   6. S

D 1. Javier es de México.
2. Ella es mi mejor amiga.
3. Él es mi profesor.
4. Mis amigos y yo almorzamos en la cafetería.
5. Tú estudias en el café.
6. Vosotros coméis pizza.

Tema 3

A 1. Cuántos   5. Quién
2. Cómo   6. De dónde
3. Cuándo   7. Cómo
4. Cómo

B 1. S   3. Q   5. Q   7. S
2. Q   4. S   6. Q   8. Q

C 1. Quién   4. Cómo
2. De dónde   5. Quién
3. Cuándo

D 1. Cuántos   3. Cuánta
2. Cuánto   4. Cuántos

E 1. ¿no? (¿verdad?)
2. ¿no? (¿verdad?)
3. ¿no? (¿verdad?)
4. ¿verdad?

5. ¿no? (¿verdad?)
6. ¿verdad?
7. ¿no? (¿verdad?)

Tema 4

A 1. Rafael, moreno ; M, S
2. Nosotras, inteligentes. ;F, P
3. amiga, callada ;F, S
4. Arturo y Julio, bajos, ;M, P
5. profesores, divertidos ;M, P
6. Rosario, seria, ;F, S
7. Emilia y Fátima, perezosas, ;F, P
8. compañeros, simpáticos ;M, P

B 1. Begonia: baja, bonita, morena
2. padre: activo, moreno, guapo
3. José (hermano): extrovertido
4. Adriana (hermana): romántica, perezosa

C 1. pelirroja   5. simpática
2. trabajadores 6. inteligentes
3. bonitas   7. traviesos
4. tímido

D 1. Diego y Sonia son divertidos.
2. María es trabajadora.
3. Aura y Henry son simpáticos.
4. Aura y Diego son rubios.
5. Sonia es alta.

Tema 5

A 1. mi   3. sus   5. tus
2. nuestros 4. sus   6. su

B 1. mi familia; S
2. sus amigas.; P
3. nuestro primo.; M, S
4. tus abuelos; P
5. nuestra mesa.; F, S
6. su clase; S
7. sus hijos.; P
8. Nuestras materias; F, P

C 1. Tus   4. Su
2. Nuestras   5. Vuestras
3. Sus

D 1. Nuestro abuelo está en el teatro.
2. Su amigo está en el estadio.
3. Nuestras profesoras están en el auditorio.
4. Sus primas están en el cine.

(129)

Tema 6

A
1. <u>alquil</u>o; alquilar
2. <u>bail</u>o, <u>pas</u>o; bailar, pasar
3. <u>mont</u>a; montar
4. <u>vive</u>s; vivir
5. <u>lee</u>n; leer

B
1. paso
2. lee
3. corro
4. vivís
5. escribe

C
1. escribimos
2. practicáis
3. abre
4. escucha
5. monto

D
1. escribo
2. nadamos
3. lee
4. corren
5. asistimos
6. hablo

E
1. Nosotros jugamos al fútbol.
2. Juan corre.
3. Mis amigos nadan.
4. Mi tía toca el piano.

Tema 7

A 1. b 2. a 3. b 4. a 5. b 6. b

B
1. llover
2. meriendo
3. jugar
4. volvemos
5. comienzo

C
1. duermo
2. quiero
3. almorzamos
4. entiendo
5. vuelve

D
1. Sí, almorzamos en la cafetería.
2. No, no dormimos en...
3. Sí, queremos tener más exámenes.

Tema 8

A 1. b 3. d 5. c 7. d
    2. a 4. c 6. b

B
1. pone
2. hago
3. traigo
4. haces
5. sé
6. pongo
7. salgo
8. traes
9. sabe
10. veo

C
1. sabe
2. salimos
3. sabes
4. sé
5. salen

D
1. Sé mucho de matemáticas.
2. Hago la tarea por la noche.
3. Veo televisión los fines de semana.
4. Salgo del colegio a las tres.

Tema 9

A 1. f 3. b 5. d 7. i 9. h
    2. e 4. c 6. a 8. g

B
1. soy
2. somos
3. son
4. es
5. eres
6. son

C
1. Yo soy gracioso. No soy serio.
2. El señor Varela es trabajador. No es perezoso.
3. Linda es baja. No es alta.
4. Omar es alto. No es bajo.

D
1. Soy de Perú.
2. Mi teléfono es 5-55-25-44.
3. Son las 2:30.

Tema 10

A 1. está 4. estáis 7. están
    2. están 5. estoy 8. está
    3. estamos 6. estás

B 1. estás 4. está
    2. estoy 5. están
    3. está 6. estamos

C
1. estamos en el
2. están lejos de
3. están al lado de
4. están encima del
5. están cerca del
6. está delante del

Tema 11

A
1. navegar; I
2. la comida; S
3. las verduras; P
4. escuchar; I
5. los videojuegos; P
6. hacer; I
7. el helado; S
8. ver; I

B
1. os gusta leer
2. le toca limpiar
3. les gusta bailar
4. nos toca lavar
5. me gusta leer

C
1. Le toca a Alberto.
2. Le toca a Alberto.
3. Les toca a sus hermanas.
4. Les toca a sus hermanas.

D 1. Me parece interesante (aburrido).
2. Me parecen difíciles (fascinantes).
3. Me parece difícil (fácil).
4. Me parece terrible (fenomenal).

Tema 12

A 1. a   3. b   5. d   7. d
   2. c   4. b   6. c   8. a

B 1. tienes   4. tenéis
   2. tenemos   5. tengo
   3. tiene

C 1. tenemos   4. tenemos
   2. tengo que   5. Tengo que
   3. tengo

D 1. Tiene ganas de leer una novela, pero tiene que lavar el coche.
2. Tiene ganas de escuchar música, pero tiene que hacer la tarea.
3. Tiene ganas de comer con sus amigos, pero tiene que limpiar el garaje.
4. Tiene ganas de ver videos, pero tiene que cortar el césped.

Tema 13

A 1. tampoco   4. tampoco
   2. nada   5. Nunca
   3. Nadie   6. Nadie

B 1. F   2. C   3. C   4. F   5. F   6. C

C 1. El gato no duerme debajo de la cama nunca.
2. Yo no duermo debajo de la cama tampoco.
3. Mi hermana no canta en el baño nunca.
4. Yo no canté en el baño tampoco.

D 1. Nadie quiere hacer sus quehaceres hoy.
2. El gato nunca come el almuerzo.
3. Cora no necesita nada para la casa.
4. Nadie sabe inglés.

E 1. A mí nada me parece difícil.
2. A mí nunca me toca sacar la basura.
3. En mi familia, nadie es atlético.

Tema 14

A 1. e   2. c   3. a   4. b   5. d   6. f

B 1. de España   4. de ti
   2. con ellas   5. en clase
   3. a mi casa   6. de Argentina

C 1. a   4. a
   2. con   5. lejos de
   3. de

D 1. Voy al parque a pasear.
2. Voy a la piscina a nadar.
3. Voy a la cafetería a comer.
4. Voy a las fiestas a bailar.

E 1. A mí me gusta ver televisión contigo.
2. A ella le gusta alquilar videos con ustedes.
3. A ti te gusta ir al cine conmigo.

Tema 15

A 1. vamos a tener
   2. van a estudiar
   3. vamos a practicar
   4. voy a nadar
   5. va a montar

B 1. a   3. b   5. a   7. b
   2. a   4. a   6. a   8. b

C 1. queremos   4. quieres
   2. tengo   5. queréis
   3. tiene

D 1. va a jugar al básquetbol
2. van a estudiar en la biblioteca
3. Ustedes van a comer en la cafetería.
4. vamos a presentar un examen

E 1. No tengo ganas de presentar un examen.
Tienes que presentar un examen.
2. No tengo ganas de cortar el césped.
Tienes que cortar el césped.

Scripts: Part 1
Repaso de vocabulario
Tema 1, Cd 1, Tr. 3

A 1. animal a-ene-i-eme-a-ele
2. burro be-u-erre-o
3. gorila ge-o-ere-i-ele-a
4. tigre te-i-ge-ere-e
5. cocodrilo ce-o-ce-o-de-ere-i-ele-o
6. mosquito eme-o-ese-cu-u-i-te-o
7. zorro zeta-o-erre-o
8. elefante e-ele-e-efe-a-ene-te-e

Tema 2, Cd 1, Tr. 4

A 1. —¿Cómo estás?
—Estoy bien, gracias.
2. —¿Qué tal, Pedro?
—Estoy muy bien, gracias, don Manuel. ¿Y usted?
3. —Buenos días, señorita.
—Buenos días, profesor.
4. —¿Cómo está usted, profesor Ramírez?
—Regular, gracias.
5. —Hola, Lourdes.
—Hola, Juan.

Tema 3, Cd 1, Tr. 5

A 1. El teléfono de Beatriz es tres-dos-cuatro-uno-nueve-cinco-cero.
2. El teléfono de Jorge es dos-seis-siete-tres-uno-dos-ocho.
3. El teléfono de Rosaura es dos-uno-tres-dos-cinco-tres-uno.
4. El teléfono de Ángel es siete-uno-ocho-seis-tres-nueve-cuatro.
5. El teléfono de Gladys es uno-dos-ocho-uno-cinco-dos-dos.

Tema 4, Cd 1, Tr. 6

B 1. Marta, soy Jorge. Vengo a las seis.
2. Hola, soy Juliana. Yo vengo a las seis y media.
3. Marta, ¿dónde estás? Soy Anabel, Quiero venir a las cinco y veinte.
4. Marta, mi amor, vengo tarde, a las ocho. Soy Valentín.
5. Oye, Marta, soy Chema. Marisol y yo venimos a las siete y cuarto.
6. Hola, Marta. Soy Gabi. Vengo a las cinco menos cuarto.

Tema 6, Cd 1, Tr. 7

A 1. No hace frío. Hace fresco y hace sol.
2. Hace frío y nieva mucho.
3. Hace mal tiempo hoy. No hace sol. Hace mucho viento.
4. Hace sol y calor. Hace muy buen tiempo.
5. Hace calor y llueve.
6. Hace mucho sol y hace frío.

Tema 7, Cd 1, Tr. 8

A 1. Lucas es muy atlético.

2. Elena y Claudia son bastante simpáticas.
3. Los muchachos son rubios.
4. Tomás es muy trabajador.
5. Victoria es romántica.

Tema 8, Cd 1, Tr. 9

A 1. A Marina le gusta montar en bicicleta.
2. Gustavo quiere escuchar música.
3. Juana quiere dibujar.
4. A mí me gusta nadar.
5. Pedro quiere jugar al fútbol.

Tema 9, Cd 1, Tr. 10

B 1. Beatriz es la hija de Federico y Olga.
2. Ricardo es el nieto de Alberto.
3. Lorenzo y Mercedes son los padres de Ana.
4. Beatriz es la tía de Carlos.
5. Olga es la madre de Ana.
6. Ana es la sobrina de Ricardo.
7. Mercedes es la abuela de Ricardo.
8. Ana es la hermana de Carlos.

Tema 10, Cd 1, Tr. 11

B —Juan, hoy te toca lavar los platos.
—No mamá, le toca a Rosa. Hoy a mí me toca cortar el césped.
—Ah, sí. Rosa va a lavar los platos. A ti te toca cortar el césped y pasar la aspiradora en el comedor y en la sala.
—¡Pasar la aspiradora! ¡Qué lata!
—Juan, si quieres ir al concierto, tienes que hacer tus quehaceres.
—Está bien. ¿Pero qué les toca a Mario y a Sarita hoy?
—Mario va a hacer las camas y Sarita tiene que limpiar la mesa.

Tema 11, Cd 1, Tr. 12

B 1. —No me gusta la comida italiana. ¿Quieres mi comida?
—Sí, gracias. Me gusta la pizza.
2. —Bueno clase. La tarea para mañana es la actividad cuatro. Nos vemos mañana. Hasta luego.
—Hasta mañana, profesor Delgado.
3. —Hola, Juan. ¿Qué pasa?
—Necesito un libro de historia.
—Shh, silencio, por favor.

4. —Ricardo, siempre llegas tarde a la reunión.
—Disculpa. ¿De qué hablan?
—Hablamos de una nueva computadora.

5. —Me gusta la música.
—Es un ensayo. El concierto es la próxima semana.

6. —El partido está muy bueno.
—¡Corre! ¡Vamos!

Tema 12, Cd 1, Tr. 13

A 1. ¿Qué clases tienes esta mañana?
2. ¿Necesitas algo para la clase de inglés?
3. ¿Qué clases tienes los martes?
4. ¿Cuál es tu materia preferida?
5. ¿Te gustan las ciencias?
6. ¿Qué clase tienes después del almuerzo?

Repaso de Gramática
Tema 3, Cd 1, Tr. 14

B 1. Él es inteligente.
2. ¿Es interesante el libro?
3. ¿Cómo es tu profesor?
4. Ellos son mis compañeros de clase.
5. ¿Te gustan los deportes?
6. ¿Es simpática?
7. No me gustan las hamburguesas.
8. ¿Quién es ella?

Tema 4, Cd 1, Tr. 15

B 1. Ésta es mi compañera de clase, Begonia. Es baja, bonita y morena. Le gusta el helado de vainilla.
2. Éste es mi padre. Tiene cuarenta años y es muy activo. También es moreno y guapo. Le gustan los carros.
3. Éste es mi hermano, José. Tiene ocho años, y a él le gustan los videojuegos. Es muy extrovertido.
4. Ésta es mi hermana, Adriana. Tiene veintidós años y es muy romántica y un poco perezosa. Le gusta la música y la pizza. También le gustan los libros.

Tema 13, Cd 1, Tr. 16

B 1. La familia siempre come en la cocina.
2. La hija lava los platos.

3. Nadie ayuda a la hija a lavar los platos.
4. Al hijo no le toca limpiar el baño. Tampoco le toca limpiar después de la cena.
5. La madre nunca ve televisión después de cenar.
6. La madre no habla con nadie cuando ve televisión.

Tema 15, Cd 1, Tr. 17

B 1. —Nora, ¿qué vas a hacer este fin de semana?
2. —El viernes por la noche voy a ir al partido de fútbol.
3. Siempre voy a los partidos de fútbol los viernes.
4. Y tú, ¿qué vas a hacer el viernes?
5. —El viernes voy a descansar. El sábado y domingo voy a patinar.
6. —Qué divertido! El sábado y domingo voy a estudiar. Tengo mucha tarea.
7. —Qué horrible, Nora! ¿Siempre estudias los sábados y domingos?
8. —No, no me gusta estudiar. Casi nunca estudio los sábados.

Answer Key: Part 2
Repaso de vocabulario
Tema 13

A 1. mal   4. mal   7. mal
2. bien   5. mal   8. bien
3. bien   6. bien

B 1. b   2. d   3. a   4. c

C 1. pollo   4. huevos
2. leche   5. pastel
3. naranja

D Raúl: pescado con verduras, sándwich de jamón, arroz con pollo

René: sándwich de queso, ensalada de frutas, sopa de verduras

Tema 14

A 1. c   2. d   3. a   4. e   5. b

B 1. Manuel hace la tarea.
2. Manuel se baña.
3. Manuel se pone el piyama y se lava los dientes.

4. Manuel se acuesta temprano.
5. Manuel se levanta a las 6:30.

C 1. no 2. sí 3. no 4. no

D 1. Voy a peinarme el cabello con el peine.
2. Voy a lavarme la cara con el jabón.
3. Voy a maquillarme con el maquillaje.

E 1. Tengo que lavarme la cara antes de maquillarme.
2. Tengo que despertarme antes de levantarme.
3. Tengo que quitarme la ropa antes de ponerme el piyama.

Tema 15

A 1. en el gimnasio, en el parque
2. en el gimnasio, en el parque
3. en el gimnasio
4. en el parque
5. en el parque

B 1. entrenarse
2. levanta pesas
3. hace ejercicio
4. levantar pesas
5. hacer ejercicio

C 1. b 2. b 3. a 4. b 5. a

D 1. Ramón nada en la piscina.
2. Elías levanta pesas.
3. Rosa monta en bicicleta.

Tema 16

A 1. b 2. a 3. d 4. c

B 1. b 2. c 3. e 4. d 5. a

C Debes: dormir lo suficiente, hacer yoga, hacer ejercicio, seguir una dieta sana

No debes: ver demasiada televisión, acostarte muy tarde, comer mucha grasa, comer tanto dulce

Tema 17

A 1. el oído   4. el estómago
2. la boca   5. la pierna
3. el cuello   6. el pie

B 1. correr: piernas, pies
2. comer: estómago, boca
3. hablar: boca
4. escribir: manos, dedos

C 1. dedos   6. cabeza
2. oídos   7. garganta
3. pies   8. manos
4. piernas   9. estómago
5. boca   10. nariz

D 1. Me duele la cabeza.
2. Me duele el hombro.
3. Me duele el estómago.
4. Me duelen las piernas.

Tema 18

A 1. d 2. e 3. b 4. c 5. a

B 1. e 2. c 3. b 4. a 5. d

C 1. camiseta, pantalones cortos, calcetines de algodón, zapatos de tenis
2. vestido de algodón, sandalias
3. suéter de lana, pantalones largos, calcetines de lana, botas, abrigo
4. piyama

Tema 19

A 1. b 2. b 3. a 4. b 5. b 6. a

B 1. ¡Es una ganga!
2. ¡Es un robo!
3. ¡Son una ganga!
4. ¡Es un robo!
5. ¡Es un robo!

C 1. el dependiente
2. Osvaldo
3. el dependiente
4. Osvaldo
5. Osvaldo

D 1. a 2. b 3. b 4. a 5. b

Tema 20

A 1. batido   4. pulsera
2. juguetes   5. disco compacto
3. revistas de tiras cómicas

B 1. tienda de ropa
2. almacén
3. zapatería
4. joyería
5. tienda de música
6. librería
7. heladería
8. plaza de comida

C 1. b, joyería 3. a
2. a 4. b, el almacén

Tema 21

A 1. Fueron a una cena romántica.
2. Va a la misa de medianoche.
3. Mis tíos y primos comen.con nosotros en casa de mis abuelos.
4. Vimos fuegos artificiales en el parque.
5. Recibo muchas tarjetas.

B 1. abrir regalos: Navidad
2. mandar tarjetas: (all three)
3. ver fuegos artificiales: Año Nuevo
4. ir a una fiesta: (all three)
5. reunirse con la familia: (all three)

C Underlined answers may vary.
1. El Día de Acción de Gracia fuimos a la casa de <u>mis abuelos</u> y comimos mucho. Después jugamos al <u>fútbol americano</u>.
2. El Día de los Enamorados mi amigo(a) y yo festejamos con una cena romántica, y después el me regaló (yo le regalé) flores.

Tema 22

A 1. antes de abordar
2. antes de abordar
3. después de desembarcar
4. después de desembarcar
5. antes de abordar

B 1. a 3. a 5. b 7. b
2. a 4. b 6. b 8. b

C 1. La familia Sosa está facturando el equipaje.
2. Ana está recogiendo las maletas.
3. Ana está pasando por el control de seguridad.

Tema 23

A 1. lógico 5. ilógico
2. ilógico 6. ilógico
3. ilógico 7. ilógico
4. lógico 8. lógico

B 1. c 2. a 3. b 4. d

C 1. a 2. b 3. b 4. a

D 1. taxi, autobús, metro
2. lancha, bote de vela (canoa)
3. avión, barco

Tema 24

A 1. c 2. b 3. d 4. a

B 1. ¿Estás listo? ¿Qué vas a pedir?
2. ¿Me (Nos) trae la cuenta por favor?
3. ¿Qué desea usted?
4. ¿Algo más?
5. ¿Me ayudas a colgar las decoraciones?
6. ¿Qué te falta hacer?
7. ¿Sabe usted (Me puede decir) dónde está la oficina de correos?
8. Lo siento, no sé.

Repaso de gramática: Temas 16–30

Tema 16

A 1. b 2. a 3. a 4. a 5. b 6. a

B 1. sirve 4. quiere
2. pienso 5. cuesta
3. entendemos

C 1. prefiero 4. pide
2. puede 5. prueba
3. pedimos 6. puedo

D 1. Nos acostamos a las ocho.
2. Pedimos tortilla y gazpacho.
3. Pensamos ir al cine.
4. Preferimos estudiar en casa.

Tema 17

A 1. es 3. está 5. está 7. es
2. es 4. es 6. es

B 1. es; G 5. están; S
2. está; S 6. está; S
3. es; G 7. Es; G
4. está; S

C 1. son 5. están
2. es 6. es
3. son 7. estamos
4. es 8. está

D 1. Está un poco enojada.
2. Es 5-55-34-98.
3. Es alto y trabajador.
4. Son rojos.

Tema 18

A 1. b 3. a 5. d 7. c
   2. c 4. c 6. b

B 1. espinacas; las
   2. La ensalada; La
   3. perro; dibujándolo
   4. Jorge; llamarnos
   5. café con leche; lo
   6. sopa; calentarla

C 1. La 2. Lo 3. los 4. Lo 5. Las 6. las

D 1. La va a comer (Va a comerla) mi amigo.
   2. Las voy a llamar (Voy a llamarlas) mañana.
   3. Los tenemos que aprender (Tenemos que aprenderlos) nosotros.
   4. Los escribe el profesor.

Tema 19

A 1. yo me despierto
   2. Ella y yo nos vestimos
   3. Mi padre se afeita
   4. Mi madre se lava
   5. Tú peinarte
   6. Nadie bañandose

B 1. b 2. c 3. c 4. b 5. a

C 1. me acuesto 4. relajarme
   2. se acuestan 5. estirarte
   3. me pongo

D 1. se está lavando (está lavándose) los dientes
   2. se están peinando (están peinándose)
   3. se está estirando (está estirándose)

Tema 20

A 1. dormir 4. quieres
   2. presentar 5. tenemos
   3. comer

B 1. sale/salir 4. corre/correr
   2. llegar/llega 5. invitar/invita
   3. estudio/estudiar

C 1. Estudia antes de almorzar y después de ir a la clase de español.
   2. Se acaba de levantar. (Acaba de levantarse.)
   3. Almuerza después de estudiar en la biblioteca.

4. Va a estudiar en la biblioteca.
5. Desayuna después de bañarse, pero antes de salir para el colegio.

Tema 21

A 1. lo CV 5. La CV
   2. te I 6. te C
   3. la I 7. me CV
   4. te C

B 1. lo quiero; comprarlo
   2. la calientes
   3. se deben; estirarse
   4. Ponlas

C 1. Las ensayamos. 4. Martín los lava.
   2. No lo bañes. 5. Laura la come.
   3. Báñalo.

D 1. Lo voy a comer. (Voy a comerlo.)
   2. Sácalo ahora mismo. (Debes sacarlo ahora mismo.)
   3. Lo debes mirar a las ocho. (Debes mirarlo a las ocho.)
   4. No lo quiero limpiar nunca. (No quiero limpiarlo nunca.)

Tema 22

A 1. El béisbol es un deporte.
   2. El helado es un postre.
   3. El gato es un animal.
   4. La naranja es una fruta.
   5. La calculadora es una computadora.
   6. El Día de Acción de Gracias es un día festivo.

B 1. f., s., far 4. m., p., far
   2. m., s., far 5. m., p., near
   3. f., p., near 6. f., p., far

C 1. Este, esos 3. Este, ese
   2. Este, ese 4. Este, esta

Tema 23

A 1. Las computadoras son más caras que los videojuegos; f., p.
   2. Mi hermana es más trabajadora que mi hermano; f., s.
   3. Esta novela es tan aburrida como este diccionario; f., s.
   4. Esos sombreros son menos feos que los otros; m., p.

5. Martín es más alto que María Luisa ;
m., s.

6. El profesor es más serio que
los estudiantes; m., s.

7. Mis hermanos son más perezosos
que nuestro gato; m., p.

8. El windsurf es tan divertido como
esquiar en el agua. ; m., s.

B 1. a 2. a 3. b 4. c 5. c 6. b

C 1. tanto como 3. más que
2. menos que 4. tanto como

D 1. Los lápices son menos caros que las
computadoras.
2. Susi es menor que su madre.
3. Las bicicletas son más pequeñas que
los carros.
4. Las piernas son más largas que los
brazos.

Tema 24

A 1. computadoras 5. carro
2. casa 6. taxis
3. estudiantes 7. personas
4. libros

B 1. pocos, muchos 3. poco, muchos
2. muchos, pocas

C 1. una
2. doscientas dos
3. un millón de
4. mil cuatrocientos treinta y un
5. cuarenta y un

D Cuesta...
1. seiscientas sesenta y cuatro ptas.
2. ochocientas treinta ptas.
3. mil cuatrocientas noventa y cuatro
ptas.
4. ciento sesenta y seis ptas.

Tema 25

A 1. Pruébala; la torta
2. Sácalas; las zanahorias
3. Estúdialos; verbos
4. Llévalo; tu hermanito
5. Sírvelos; cereales
6. Hazla; tarea
7. Escúchala; canción

B 1. a 2. d 3. b 4. e 5. c

C 1. Báñalo. 5. Ponla.
2. Prepáralo. 6. Escríbela.
3. Tómalas. 7. Lávalos.
4. Léela. 8. Escúchalo.

D 1. Sí, báñate ahora.
2. Sí, vístete ahora.
3. Sí, bébelo ahora.
4. Sí, ponla ahora.
5. Sí, vete ahora.
6. Sí, límpialo ahora.
7. Sí, cuídalo ahora.
8. Sí, acuéstate ahora.

Tema 26

A 1. No recojas; negative
2. No trabajes; negative
3. Haz; affirmative
4. Despiértate; affirmative
5. No seas; negative
6. No vayas; negative
7. Prepárate; affirmative
8. No sigas; negative

B 1. Come 8. No empieces
2. No compres 9. No vuelvas
3. No salgas 10. Ve
4. Haz 11. Sé
7. No pongas 12. Arregla

C 1. No la pongas en el horno.
2. No lo hagas.
3. No la digas.
4. No las comas.
5. No lo compres.

D 1. No comas en la sala.
2. No veas televisión todo el día.
3. No recojas mis cosas.
4. No te acuestes muy tarde.
5. No fumes en ninguna parte.
6. No pongas la música muy fuerte.

Tema 27

A 1. b 3. c 5. b 7. a
2. a 4. a 6. b

B 1. b 2. e 3. a 4. c 5. d

C 1. Está hablando con Tino.
2. Lo estoy preparando. (Estoy
preparándolo).
3. Me estoy peinando. (Estoy peinán-
dome).

4. La estás comprando. (Estás comprándola).

5. Los estamos comprando. (Estamos comprándolos).

6. La estoy escribiendo. (Estoy escribiéndola).

D 1. La familia Pérez está cenando.
2. Enrique está levantando pesas.
3. La señora Martínez está leyendo.
4. Natalia está nadando.

Tema 28

A 1. habló; Past   5. miré; Past
2. corrió; Past   6. escribimos; Past
3. lavo; Present
4. Aprendemos; Present

B 1. b   3. b   5. b   7. a   9. b
2. a   4. a   6. b   8. b

C 1. d   2. b   3. e   4. a   5. c

D (1) invitamos (2) mandé (3) recibieron
(4) recogió (5) llegaron (6) escuchamos
(7) regresaron

E 1. Ya pasée por el parque ayer.
2. La cerró ayer.
3. Las lavaron ayer.
4. Fuimos a verla ayer.
5. Tomé un batido ayer.

Tema 29

A 1. mis amigos y yo hicimos
2. Yo hice
3. Mis hermanas hicieron
4. Mi mamá hizo
5. todos hicimos

B 1. fui   4. fue
2. fue   5. fuimos
3. hicieron   6. Fue

C 1. e   2. b   3. d   4. c   5. a

D 1. hicimos   6. hice
2. hizo   7. hizo
3. fuimos   8. fue
4. hizo   9. hice
5. fuimos

E 1. hizo fresco; fue de excursión
2. hizo frío y llovió; fui al cine
3. hizo frío y nevó; fuimos de compras

Tema 30

A 1. Pres.   5. Pret.
2. Pret.   6. Pres.
3. Pret.   7. Pret.
4. Pret.   8. Pres.

B 1. pagué; pagó
2. buscamos; buscó
3. llegué; llegaste
4. sacó; saqué
5. almorzasteis; almorcé
6. comenzaron; comenzaron

C 1. llegué   5. Compré
2. pagué   6. almorcé
3. conseguí   7. comenzó
4. saqué

D 1. Yo busqué comida... también.
2. Yo hicé ejercicio también.
3. Yo almorcé en la sala también.
4. Yo comencé a leer... también.
5. Yo jugué al ajedrez también.

Scripts: Part 2
Repaso de vocabulario

Tema 13, Cd 1, Tr. 18

A 1. —¿Qué tal está la sopa?
—Está muy fría.
2. —Aquí preparan muy bien las hamburguesas.
—Sí, estoy de acuerdo.
3. —¡Qué rico está el sándwich de jamón!
—Sí, me encanta.
4. —¿Qué tal está la ensalada?
—Está horrible.
5. —¿Qué tal está el sándwich de atún?
—Está muy salado. No me gusta.
6. —¡Qué ricas están las papas fritas!
—Sí, me encantan.
7. —¿Qué tal si pruebas la sopa de verduras?
—¡Ay no! Aquí preparan muy mal la sopa de verduras.
8. —¿Qué tal el helado?
—¡Está riquísimo!

Tema 14, Cd 1, Tr. 19

B Tengo mucho que hacer. Primero tengo que hacer la tarea. Después voy a bañarme. Luego me lavo los dientes y me pongo el piyama. A las nueve me acuesto. Tengo que acostarme temprano porque mañana me levanto a las seis y media.

Tema 15, Cd 1, Tr. 20

B —¿Vas a dormir tarde el sábado?

—No, voy a levantarme a las siete. Siempre me entreno los sábados por la mañana.

—¿Cómo te mantienes en forma? ¿Corres?

—No, no corro. Me estiro y hago ejercicio en casa y luego voy al gimnasio a levantar pesas.

—¿Y qué vas a hacer por la tarde?

—Bueno, casi siempre almuerzo cuando vuelvo a casa. Siempre tengo mucha hambre después de hacer ejercicio. Luego voy a bañarme y relajarme.

—¿Qué haces para relajarte?

—Leo una revista o a veces duermo la siesta.

Tema 18, Cd 1, Tr. 21

A 1. Esta camiseta cuesta cincuenta y siete dólares.
2. El abrigo cuesta ciento cuatro dólares.
3. La camisa de seda cuesta doscientos setenta y tres dólares.
4. El saco cuesta ciento treinta y dos dólares.
5. Las sandalias cuestan ochenta y cuatro dólares.

Tema 19, Cd 1, Tr. 22

A 1. Uso el diez y este vestido es el catorce. Me queda grande.
2. Esta camisa me queda grande. Necesito una talla más pequeña.
3. Estos pantalones me quedan bien.
4. Uso el número diez. Estos zapatos son del nueve.
5. —¿Qué te parece este saco?
   —No sé. Me parece que necesitas una talla más grande.
6. —¿Cómo me queda esta blusa?
   —Creo que te queda bien. Es tu talla, ¿verdad?

Tema 20, Cd 1, Tr. 23

B 1. —¿En qué le puedo servir?
   —Busco una chaqueta.
2. —¿Vas a comprar todo aquí?
   —Sí, venden de todo y me gusta mucho.
3. —¿Qué te parecen estas botas?
   —Son bonitas y no cuestan mucho. ¡Son una ganga!
4. —Me gusta mucho esa pulsera.
   —A mí me gustan más los aretes.
5. —Busco el nuevo disco compacto de Shakira.
   —Aquí está.
6. —¿En qué le puedo servir?
   —Por favor, ¿dónde están las revistas de tiras cómicas?
7. —¿Te gusta el batido?
   —Sí, está muy rico.
8. —¿Qué vas a comer?
   —Quiero una ensalada con pollo.

Tema 21, Cd 1, Tr. 24

A 1. Mis padres fueron a una cena romántica el Día de los Enamorados.
2. Mi familia va a misa de medianoche en la Navidad.
3. Mis tíos y primos comen con nosotros en casa de nuestros abuelos el Día de Acción de Gracias.
4. El cuatro de julio vimos fuegos artificiales en el parque.
5. Recibo muchas tarjetas el Día de los Enamorados.

Tema 22, Cd 1, Tr. 25

B 1. Cuando viajo, siempre compro el boleto un mes antes de viajar.
2. Tengo todo muy organizado y hago las maletas dos o tres días antes del viaje.
3. La última vez que fui a Perú, compré el boleto sólo una semana antes.
4. Me preocupé un poco porque no encontré el pasaporte hasta el día de salir.
5. Comencé el viaje a las nueve de la mañana, pero no llegué a Lima hasta las cuatro de la tarde.
6. Normalmente almuerzo en el aeropuerto porque no me gusta la comida que sirven en los aviones.

7. Luego, juego a los videojuegos en la sala de espera.

8. En ese viaje a Perú, almorcé en el avión.

Tema 23, Cd 1, Tr. 26

A 1. —Estoy cansado y no quiero hacer nada hoy.
—Quédate en el hotel y descansa.

2. —Quiero subir a la montaña y esquiar.
—Ve al centro.

3. —Me gustaría hacer ejercicio.
—No vayas de excursión.

4. —Quiero hacer un viaje pero no tengo dinero para un hotel.
—Acampa.

5. —Hace muy buen tiempo y me gustaría tomar el sol.
—Quédate en el hotel.

6. —Hace mal tiempo. Llueve mucho.
—Ve al lago.

7. —No tengo cámara.
—Saca muchas fotos.

8. —Hace mal tiempo y no tengo nada que hacer.
—Pasa por el museo.

Repaso de Gramática
Tema 18, Cd 1, Tr. 27

A 1. La voy a conseguir en el mostrador.
2. Las voy a llevar al centro.
3. Lo tengo que llamar desde el centro.
4. Quiero ayudarlas con sus maletas.
5. No los voy a abrir ni una vez.
6. La necesito para poder abordar el avión.
7. Las voy a ver hoy en el museo.

Tema 23, Cd 1, Tr. 28

B 1. Mira este vestido negro. Es mucho más elegante que esa falda amarilla, ¿no?

2. Esta camisa blanca me gusta más que la camisa azul. La voy a comprar.

3. Estas botas cuestan más que los zapatos negros. Los zapatos cuestan diecisiete dólares. ¡Qué ganga!

4. Los pantalones vaqueros son menos caros que los pantalones cortos, pero los pantalones cortos están más a la moda. Voy a comprar los dos.

5. Este saco gris me parece tan bonito como esa chaqueta blanca. Me los compro.

6. Este traje de baño morado me queda más grande que el traje de baño anaranjado, y no hay una talla más pequeña. Voy a llevar el traje de baño anaranjado.

Tema 25, Cd 1, Tr. 29

B 1. ¿Qué hago con el arroz con pollo?
2. ¿Te ayudo con las zanahorias?
3. ¿Y los refrescos? ¿Qué hago con ellos?
4. ¿Qué debo hacer con las frutas?
5. ¿Tienen la leche los niños?

Tema 27, Cd 1, Tr. 30

A 1. Están nadando y jugando en la piscina.
2. Estamos comiendo y hablando.
3. Está preparando más sándwiches y galletas.
4. Estamos sirviendo la comida.
5. Están escuchando música de los años ochenta.
6. También están bailando.
7. Estamos limpiando un poco.

Tema 28, CD 1, Tr. 31

B 1. El sábado pasado fui de compras con mi mejor amiga, Magdalena.

2. Hoy fuimos al centro comercial y pasamos toda la tarde allí.

3. Esta vez mi hermana menor nos acompañó. No me gustó.

4. Prefiero ir a las tiendas de música a escuchar discos, pero a mi hermana le encantan las jugueterías.

5. La llevé a la juguetería Bebo donde ella miró las vitrinas por más de una hora.

6. Magdalena se cansó de mirar juguetes. Empezó a hablar de las tiendas de ropa.

7. Magdalena tiene ganas de comprar ropa y le encantan los zapatos.

8. En la zapatería Calzamás, pagué una fortuna por un par de sandalias.

9. Al final Magdalena y mi hermanita tomaron batidos en la heladería Dulce Vida. Yo tomé un jugo.

ESPAÑA

GEOCULTURA

A Match each letter on the map of Spain with the name of the place or area
it represents.

_____ **1.** Galicia

_____ **2.** Barcelona

_____ **3.** Madrid

_____ **4.** Andalucía

_____ **5.** Los Pirineos

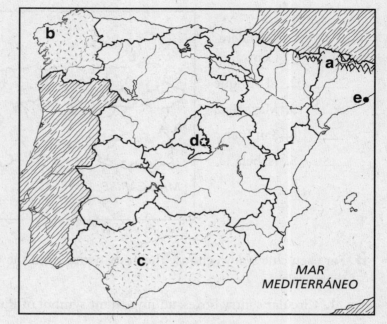

B For each clue below, choose the best answer from the word box and write it in
the puzzle.

1. There are four of these spoken in Spain.

2. The capital of Spain

3. Places in Altamira with prehistoric art

4. The city where one can find the Mezquita, reflecting its Arabic influence

5. These are fueled by wind and found in the region of La Mancha.

| cuevas |
| olivas |
| Córdoba |
| idiomas |
| El Prado |
| paella |
| Madrid |
| molinos |
| Sevilla |

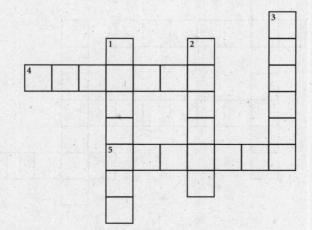

PUERTO RICO

GEOCULTURA

A This map of Puerto Rico is missing the names of five important geographic places. Match each letter on the map with the name of the correct place.

_____ **1.** La cordillera Central

_____ **2.** El Yunque

_____ **3.** Mayagüez

_____ **4.** San Juan

_____ **5.** Isabela

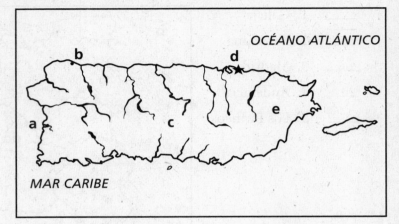

B For each clue below, choose the best answer from the word box and write it in the puzzle.

1. Circular sentry boxes; an important symbol of Puerto Rican architecture

2. The capital of Puerto Rico

3. The national sport of Puerto Rico

4. Fried plantains; a common meal of Puerto Rico

5. The historical period reflected in the streets of Old San Juan

béisbol	El Yunque	coquí	San Juan	máscaras
colonial	garitas	taíno	tostones	

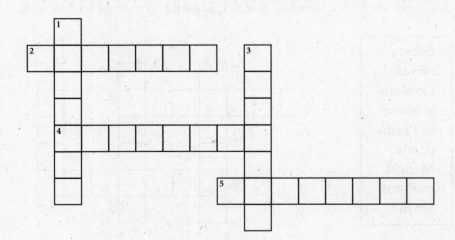

TEXAS

A Label the following places on the map of Texas below.

_____ **1.** Austin

_____ **2.** El río Grande

_____ **3.** El Valle de Texas

_____ **4.** El Parque Nacional Big Bend

_____ **5.** Dallas

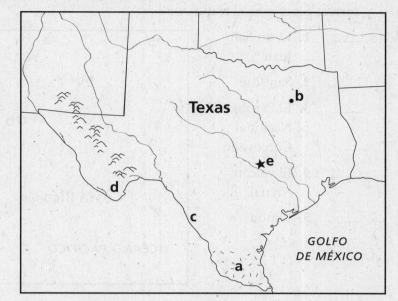

B Use the clues to help you unscramble the words in Spanish. Some letters have been done for you.

1. In Texas, the basis for this is petroleum products, fruit and livestock.

2. The state fruit of Texas

3. The tradition of horseback riding and cattle roping

4. A typical plate of grilled meat that Texans love

5. A type of commerce that Houston is known for

1. M N O O Í E C A

| E | | | | M | | |

2. T J N R A O O

| | | R | | J | | |

3. E Q A A V R U

| | | Q | U | | | |

4. A O C A B R B A

| | | | | | O | A |

5. Í A O T M I R M

| | A | R | | | | | |

(143)

COSTA RICA

A Look at the map of Costa Rica. Match each letter on the map with the name of the correct geographical feature or city.

_____ **1.** El río San Juan

_____ **2.** San José

_____ **3.** El Parque Nacional Corcovado

_____ **4.** El volcán Arenal

_____ **5.** Limón

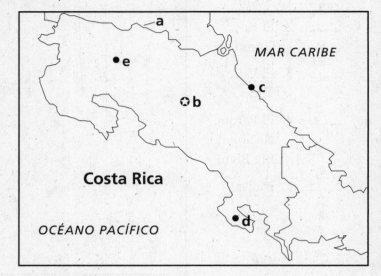

B For each clue below, choose the best answer from the word box and write it in the puzzle.

1. Places in Costa Rica for investigation and protection of insects, birds and mammals

2. A colorful presentation of carts to celebrate *El Día del Boyero*

3. A red and blue bird that lives on the Osa peninsula in Costa Rica

4. The capital of Costa Rica

5. The main harvest of the Central Valley of Costa Rica

papa
desfile
lagunas
lapa roja
mariposa
reservas
San José
café
Arenal

CHILE

GEOCULTURA

A Match each letter on the map of Chile with the name of the place or area it represents.

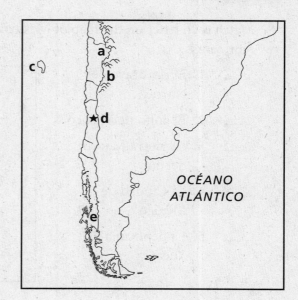

OCÉANO
ATLÁNTICO

_____ **1.** Santiago

_____ **2.** La Isla de Rapa Nui (Isla de Pascua)

_____ **3.** Las montañas Andes

_____ **4.** El Parque Nacional Laguna San Rafael

_____ **5.** El desierto de Atacama

B Use the clues to help you unscramble the words. Some letters have been done for you.

1. A region in northern Chile where animals like llamas have adapted to extreme weather conditions

2. The capital of Chile

3. The driest desert in the world, located in northern Chile

4. One of several indigenous inhabitants of Chile who maintain their musical and artistic traditions

5. A famous Chilean poet

1. I N O A L A P L T
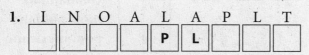

2. T N O A S I G A
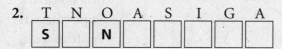

3. A A T C M A A
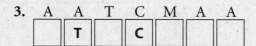

4. C E U P S A M H
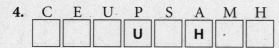

5. B P L O A   N R E A D U
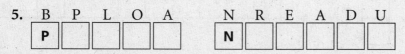

(145)

MÉXICO

A Match each letter on the map of Mexico with the name of the place or area it represents.

_____ **1.** El río Bravo del Norte

_____ **2.** El golfo de México

_____ **3.** La Sierra Madre del Sur

_____ **4.** La Ciudad de México

_____ **5.** La península de Yucatán

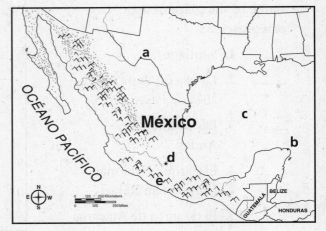

B For each clue below, choose the best answer from the word box and write it in the puzzle.

1. An ancient city near Mexico City

2. A volcano which is the second highest peak in Mexico

3. A favorite dish of Mexico having a brown sauce made of chile and chocolate

4. The currency of Mexico

5. A famous Mexican artist

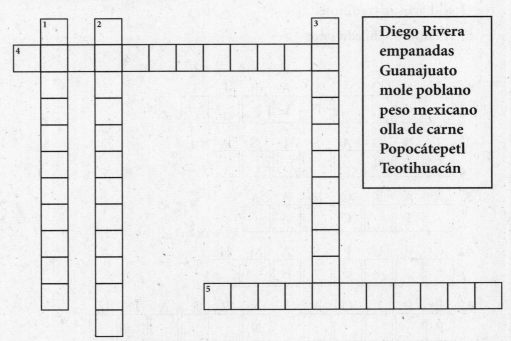

Diego Rivera
empanadas
Guanajuato
mole poblano
peso mexicano
olla de carne
Popocátepetl
Teotihuacán

(146)

ARGENTINA

GEOCULTURA

A Match each letter on the map of Argentina with the name of the place or area it represents.

_____ **1.** Buenos Aires

_____ **2.** San Carlos de Bariloche

_____ **3.** Los Andes

_____ **4.** La Pampa

_____ **5.** La Tierra del Fuego

B Use the clues to help you unscramble the words. Some letters have been done for you.

1. The southernmost city in the world

2. The currency of Argentina

3. The capital of Argentina

4. The name given to residents of Buenos Aires

5. A neighborhood in Buenos Aires known for its brightly colored houses

1. A A I U U H S

| U | | | | | I | |

2. S P O E N T I R A E N O G

| | | O | | | | | | | | | O |

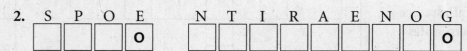

3. E S U B N O R E S A I

| | U | E | | | | | I | | |

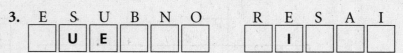

4. O O P R E S T Ñ

| P | | | | Ñ | | |

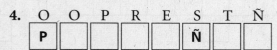

5. A L C A O B

| | | | C | | |

(147)

FLORIDA

GEOCULTURA

A Match each letter on the map of Florida with the name of the place or area it represents.

_____ **1.** St. Augustine

_____ **2.** Miami

_____ **3.** El Parque de los Everglades

_____ **4.** Los Cayos de Florida

_____ **5.** Tallahassee

B For each clue below, choose the best answer from the word box and write it in the puzzle.

1. People who live in Florida

2. The capital of Florida

3. Large reptiles that inhabit the Everglades

4. The type of rhythm fused with jazz in "jazz latino"

5. The Spaniards who first arrived in Florida in the 16th century.

afrocubano
St. Augustine
guantanamero
cocodrilos
croquetas
floridianos
exploradores
Tallahassee
seminoles

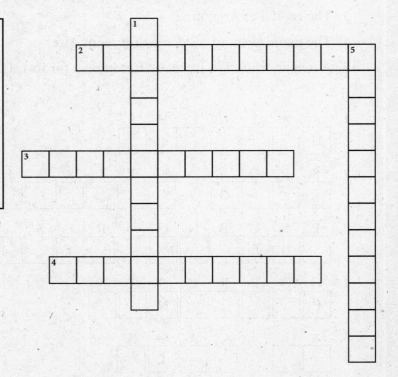

REPÚBLICA DOMINICANA

GEOCULTURA

A Match each letter on the map of the Dominican Republic with the name of the place or area it represents.

_____ **1.** El pico Duarte

_____ **2.** Cabarete

_____ **3.** Santo Domingo

_____ **4.** El Parque Nacional de los Haitises

_____ **5.** El lago Enriquillo

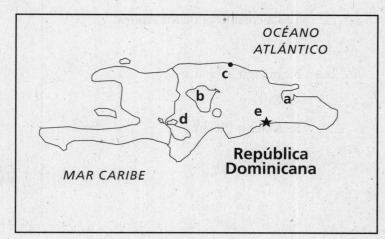

OCÉANO ATLÁNTICO

c

b

a

d

e

★

República Dominicana

MAR CARIBE

B Use the clues to help you unscramble the words. Some letters have been done for you.

1. A typical Dominican musical instrument

2. The currency of the Dominican Republic

3. The national music and dance of the Dominican Republic

4. The capital of the Dominican Republic

5. The largest salt-water lake of the Antilles

1. A G R I Ü

| | Ü | | |

2. E S O P   N C O I O M N D A I

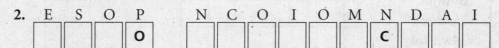

| | | O | | | | | | | | C | | | |

3. E U R E M G E N

| | | | | G | U | | |

4. S O T N A   O N D O I G M

| S | | | | | D | | | | | |

5. G A O L   N R I E U Q L O L I

| | | | | | | | | Q | U | | L | |

(149)

PERÚ

GEOCULTURA

A Match each letter on the map of Peru with the name of the place or area it represents.

_____ **1.** La cordillera de los Andes

_____ **2.** Lima

_____ **3.** El lago Titicaca

_____ **4.** Cuzco

_____ **5.** Machu Picchu

B For each clue below, choose the best answer from the word box and write it in the puzzle.

1. The currency of Peru

2. Besides Spanish and Aymara, a language spoken in Peru

3. A popular seafood dish of Peru

4. The river that begins in the Peruvian Andes and goes all the way to the Atlantic Ocean in Brazil

5. The national dance of Peru

Amazonas
ceviche
colonial
marinera
nuevo sol
quechua
tejidos

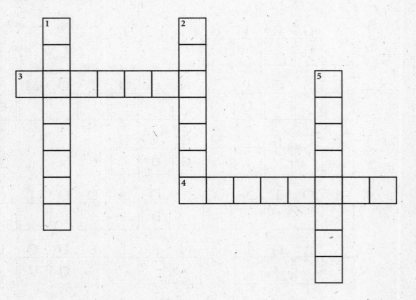

España

A.
1. b
2. e
3. d
4. c
5. a

B.
1. idiomas
2. Madrid
3. cuevas
4. Córdoba
5. molinos

Puerto Rico

A.
1. c
2. e
3. a
4. d
5. b

B.
1. garitas
2. San Juan
3. béisbol
4. tostones
5. colonial

Texas

A.
1. e
2. c
3. a
4. d
5. b

B.
1. economía
2. toronja
3. vaquera
4. barbacoa
5. marítimo

Costa Rica

A.
1. a
2. b
3. d
4. e
5. c

B.
1. reservas
2. desfile
3. lapa roja
4. San José
5. café

Chile

A.
1. d
2. c
3. b
4. e
5. a

B.
1. altiplano
2. Santiago
3. Atacama
4. mapuches
5. Pablo Neruda

México

A.
1. a
2. c
3. e
4. d
5. b

B.
1. Teotihuacán
2. Popocátepetl
3. mole poblano
4. peso mexicano
5. Diego Rivera

Argentina

A.
1. a
2. e
3. d
4. b
5. c

B.
1. Ushuaia
2. peso argentino
3. Buenos Aires
4. porteños
5. La Boca

Florida

A.
1. b
2. e
3. a
4. d
5. c

B.
1. floridianos
2. Tallahassee
3. cocodrilos
4. afrocubano
5. exploradores

República Dominicana

A.
1. b
2. c
3. e
4. a
5. d

B.
1. güira
2. peso dominicano
3. merengue
4. Santo Domingo
5. Lago Enriquillo

Perú

A.
1. b
2. a
3. e
4. d
5. c

B.
1. nuevo sol
2. quechua
3. ceviche
4. Amazonas
5. marinera